中國學術思想研究輯刊

三　編

林　慶　彰主編

第12冊

魏晉清談與雋語之關係
——由《世說新語》探討

陳慧玲著

花木蘭文化出版社

國家圖書館出版品預行編目資料

由《世說新語》探討——魏晉清談與雋語之關係／陳慧玲 著
— 初版 — 台北縣永和市：花木蘭文化出版社，2009〔民98〕

序 2+ 目 2+144 面；19×26 公分

（中國學術思想研究輯刊 三編；第 12 冊）

ISBN：978-986-6528-82-8（精裝）

1. 世說新語 2. 研究考訂 3. 魏晉南北朝哲學 4. 玄學

123 98001662

ISBN - 978-986-6528-82-8

中國學術思想研究輯刊
三 編 第十二冊 ISBN：978-986-6528-82-8

由《世說新語》探討——魏晉清談與雋語之關係

作 者 陳慧玲
主 編 林慶彰
總 編 輯 杜潔祥
出 版 花木蘭文化出版社
發 行 所 花木蘭文化出版社
發 行 人 高小娟
聯絡地址 台北縣永和市中正路五九五號七樓之三
電話：02-2923-1455／傳真：02-2923-1452
網 址 http://www.huamulan.tw 信箱 sut81518@ms59.hinet.net
印 刷 普羅文化出版廣告事業
封面設計 劉開工作室
初 版 2009 年 3 月
定 價 三編 28 冊（精裝）新台幣 46,000 元

——由《世說新語》探討

魏晉清談與雋語之關係

陳慧玲　著

作者簡介

東吳大學中文系研究所碩士，輔仁大學心理系社會文化組博士生，目前任教於東南科技大學，講授國文、實用中文、文學與電影、社會心理學等課程。
基於對人文社會之濃厚興趣，畢業後從事學校諮商輔導工作，並轉向人物傳記之心理分析研究，前後發表《從溝通分析 Transactional analysis 之腳本（Script）理論看黛玉的性格與人生／91》、《唐傳奇女性的生命圖譜——以 TA（Transactional Analysis）理論之腳本特質詮釋分析／92》、《從構通分析理論看班昭《女誡》的女性心理地位問題及其影響／93》、《反抗、妥協與認同——以日據初期陳秋菊的抗日與歸順為例／93》、《從敘說分析（Narrative Analysis）角度看吳濁流在日治經驗下的自我書寫／95》等論文，並擔任《文山區志》、《深坑鄉志》編撰，目前以精神分析、文化心理學為研究主題。

提　要

本論文主旨乃以《世說新語》為範疇，探討魏晉時代清談思想對當時語言態度之影響，及雋語中顯露之清談玄論、人物品鑒與名士之思想言行等。所謂雋語，專指味美而意深長之語言，所被載於《世說》者。全文除序論、結語外，共分五章言之：

第一章探討兩漢時代，道、儒、名、法諸家思想之演變，與荊州新學興起，對魏晉玄學思想之啟發，共分四節言之。

第二章明言清議之過渡到清談，又將魏晉時代清談分為五期，各具有不同之思想傾向與論談主題，分二節，第二節又分五目言之。

第三章討論《世說新語》中雋妙言語自口頭談論，轉變為文學語言之契機，由談辯風氣、言意之辨、音韻講求及文學技巧上，分四節言之。

第四章評析《世說新語》中具有玄學哲理之雋言，以何晏王弼之貴無主張、時下達莊思想及般若佛學之研究為主軸，貫穿當時討論之清談主題，分三節，節下各分細目言之。

第五章自美學觀點評判魏晉之人物品鑒，分析其品鑒之標準與方式，並論及其對文學批評之影響。共分三節言之。

作者稟性愚鈍，每讀至《王僧虔傳》中《誡子書》云：「談何容易。」盛言古人參與談座之難，即深感汗顏，以余才疏，何敢論清談玄學於萬一？是以本論文之撰寫，衷心感謝

呂師凱殷切指導與教誨，使本文得以如期完成。唯余年輕學淺，所見或有不周，尚祈博雅君子不吝賜正，使本文益臻於善，則余之幸也。

陳慧玲　序於東吳大學中文研究所
中華民國 76 年 4 月

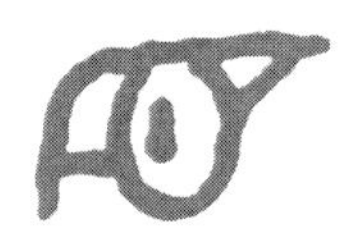

目次

序　論

魏晉清談，可概分爲廣、狹二義。就狹義而言，清談乃一學術討論方式，以玄遠之理爲主題，究心抽象原理，探尋「萬物之所以然，萬理之所以稽」之天道、地道、與人道。藉論難、談辯之進行，於一定方式及共認之評判下，展開玄學名理之討論盛會。此股清談論辯風潮，自東漢經說論爭及清議聚談流衍而來，而魏明帝太和年間傅嘏、荀粲之會談，是爲魏晉清談史上重要事體。至正始年間，清談風盛，名理燦然，後代名士莫不以「正始之音」爲最高之追慕理想。其所謂名理，涵蓋才性與玄理〔註1〕，要皆談辯形上問題。

呂師於《魏晉玄學析評》中言：「魏晉談辯中，首由品覈人物而漸至才性四本之爭論。再而《老》、《莊》、《周易》爲正始清談之主要論題。稍後稽康之〈聲無哀樂〉、〈養生論〉，以及歐陽建之〈言盡意論〉，莫不據名理以爲辯。」此種以申理、辯論爲主，據名理爲談端者，可謂爲狹義之「清談」。

然漢末人物品評雖衍出才性四本之論戰，於初期論壇上躍居要角，其本身品人之風，卻更蔚爲大支，流行於士族社會，甚而成爲寒族貧士晉身之階。漢末品評，與清議互爲表裏，而當時品家，以許劭兄弟及郭泰最爲有名。汝南「月旦評」舊俗，由品家就坐中評論，至有「百里內縣皆齎牛酒到府讌飲」〔註2〕之盛會。然此種聚談，以覈論人物爲主，由知名品家主評，與狹義清談之論辯形式，固有不同。至魏晉，品題由具體之說明，漸轉爲抽象之象徵，人物評鑒由實用性之考覈，變爲藝術性之觀賞，流風所及，文人雅士之雋語妙言，摭拾所取，皆可謂爲清言，亦即廣義之清談也。後人言此，其範圍更可概括當時名士之思想言行，凡言涉有玄遠之意，行深具曠達之習，或可由

〔註 1〕牟宗三《才性與玄理》第七章第二節云：「『名理』一詞乃概括之通稱，而才性與玄理則是指謂之殊目。……是則無論才性或玄論，俱可名爲名理。」

〔註 2〕《後漢書．郅惲傳》云：「汝南舊俗，十月饗會，百里內縣皆齎牛酒到府讌飲。」

其行爲中顯現人生觀者，皆總論爲「魏晉清談」。如此，「清談」一詞儼然成爲魏晉文人風格之代表，非泥於狹義之談辯也。

《世說新語》，爲記錄當世文人思想行逕最爲生動鮮明者，晉代已出現輯錄文士言行片斷之軼事筆記，例如晉袁彥伯之《名士傳》、裴啓之《語林》、郭頒之《魏晉世語》、郭澄之《郭子》等等，然皆已失傳，惟散見於各書之佚文中，《世說新語》即據上述諸書爲基礎，加以編寫，可謂爲其代表。是書爲南朝宋劉義慶所撰，梁劉孝標注，記載自漢魏以迄晉宋間社會生活之實況，所涉及之重要人物，上自帝王卿相，下至士庶僧徒，不下五、六百人，至孝標注引經史著作四百餘種，詩賦雜文七十餘種，可謂鴻富。故是書雖爲小說，卻保存此時期中哲學、史學、文學以及社會科學諸方面之理論資料，爲研究漢末魏晉間歷史、語言與文學者所重視。至於其文辭之優美，簡樸雋永，更是當時玄風薰陶下之文學珍品，尤其爲人所稱道。陳寅恪先生言其於此時期思想研究之重要意義云：

> 《世說新語》，記錄魏晉清談之書也。其書上及漢代者，不過追溯原起，以期完備之意。惟其下迄東晉之末劉宋之初迄於謝靈運，固由其書作者只能述至其所生時代之大名士而止，然在吾國中古思想史，則殊有重大意義。蓋起自漢末之清談適至此時代而消滅，是臨川康王不自覺中卻於此建立一劃分時代之界石及編完一部清談之全集也。

一部《世說新語》，不啻爲一部魏晉清談之歷史，是以本文以斯爲範疇，冀於史書、說論之外，窺探魏晉清談之另一番風貌也。

至於雋語，本文專指魏晉時代清談言語紀錄。由於受到言不盡意玄學思想影響，當時語言多具簡約雋永風格，言可盡而意無窮，是爲魏晉時代語言一大特色，然而此種語言散見於典籍者多，且所謂「雋」者，界線難定；惟《世說新語》非但爲當時記錄清談思想總集，其文字本身優美雋永，恰是雋語之代表作品，足以包容二者內涵，是以以之爲題，此本文撰述動機之所由來。

本篇論文雖以廣義清談爲主，然推究整體時代風格，架構魏晉之特殊格調者，不能脫離思想之主導，而思想形成非憑空而來，必經前代所漸次醞釀，始構成全面之魏晉文化；推源於根本，仍當自前代思想之轉變談起，故首章敘之也。

第一章　清談思想之醞釀

魏晉清談最顯著之特色，即崇尚玄虛之學，致力於形上、本體之討論；次者，乃先秦諸子之研究漸受重視，此種轉變，並非蹴然而成。蓋時代思想之走勢，必與其政治、經濟、社會、學術各方面縝密配合，不同時代造就不同之思想。就學術而言，魏晉雖上承漢世遺風，然二者所以不同處，早已於漢末先發其機。

首先討論者，乃漢代思想之駁雜。漢初思想，已具道、儒二大主流，由於道儒之混合，始形成魏晉玄學。然而其混合之過程，實甚複雜，以下分段述之。

第一節　道家思想之轉化

道家黃老之術，盛於漢初，時戰亂剛歇，民生凋敝，政治社會務以休養生息爲要，黃老清靜無爲之說，應時而生。然漢世黃老，雖主清靜無爲，亦與刑名連稱；太史公撰《史記》，老子、韓非同隸一傳〔註1〕，《漢書・藝文志》又以《文子》屬道家，其解老子之旨，曰道爲體，法爲用，蓋二者實有共通之處〔註2〕。須知黃老既爲漢初治民之術，必有積極目的存在。其處靜在於制

〔註 1〕《史記・太史公自序》：「韓非者，韓諸公子也。喜刑名法術之學，而其歸本於老子。」《孟子・荀卿列傳》云：「慎到趙人，由騈、接子齊人，環淵楚人，皆學黃老道德之術。」

〔註 2〕《文子・上義篇》引《老子》曰：「治國有常，而利民爲本，政教有常，而令行爲古，苟利於民，不必法古，苟周於事，不必循俗。故聖人法與時變，禮與俗化，衣服器械，各便其用，法度制令，各因其宜，故變古未足非，而復未足多。」

動，其守柔在於克剛，其居牝在於制牡，其先求自勝而後勝天下，一皆以安民治國平天下爲目標。故黃老治國，乃是以無爲之態度作有爲之事業，而至「無不爲」之效果也。既求效果，則不得不重「術」，《史記‧陳丞相世家》云陳平嘗嘆：「我多陰謀，是道家之所禁。」然時人操黃老之術者，孰不知謀？唯知謀者，可以定宗廟平天下。故《四庫提要‧道家類總序》云：

要其本始，蓋主於清淨自持，而濟以堅忍之術，以柔制剛，以退爲進，故申子、韓子，流爲刑名之學，而《陰符經》可通於兵。

既流爲刑名，又陰通於兵，知此時道家頗不純粹。此司馬談之語又可證之：

道家使人精神專一，動合無形，贍足萬物。其爲術也，因陰陽之大順，采儒、墨之善，撮名法之要，與時遷移，應物變化，立俗施事，無所不宜，指約而易操，事少而功多。

道家既採陰陽、儒、墨、名、法諸家之言，雖經漢武「罷黜百家，獨尊儒術」，此股勢力依舊潛存默長於社會中，未嘗消聲匿迹、黃老隱退政壇後，代治道之術而起者，乃學理之研究。西漢鄰氏、傅氏、徐氏、劉向、毋丘望之、嚴遵等爲《老子》解義作注，兩漢之際至東漢末，博學鴻儒多有儒道雙修者；揚雄《太玄》揉合道家之「道」與儒家之「仁義」，以作爲人生處世之立足點，可謂爲第一位正視「玄」之哲理、並用作書名者，雖仿《易》之作，卻以「玄」義貫通天人。《太玄》卷十〈太玄圖〉：

夫玄也者，天道也，地道也，人道也。

又解釋「玄」曰：

玄者，幽攡萬類而不見其形也；資陶虛無而生乎！規攔神明而定摹，通同古今以開類，攡措陰陽而發氣。（《太玄》卷七〈太玄攡〉）

知《太玄》一書之思想，主以老子形上觀念爲主。然揚雄終是儒者，難棄仁義之道，故於《法言》中曰：

老子之言道德，吾有取焉耳。及搥提仁義，絕滅禮學，吾無取焉耳。（〈問道〉）

又融合玄與仁義曰：

或曰：《玄》何爲？曰爲仁義。

此舉指示儒與道結合之傾向，其說影響荊州新學甚巨。宋衷專長於《太玄》，注有《太玄經注》九卷，王肅、李譔、陸績諸人從而受之〔註3〕，其勢力誠不

〔註3〕《魏志‧王肅傳》謂肅：「年十八，從宋衷讀《太玄》，而更爲之解。」《蜀

可忽視。則魏晉玄學以形上思想溝通儒道，揚雄乃其濫觴乎？若馬融，《後漢書》本傳謂融著有《老子注》二卷，又載其解老莊貴生忽名之事：

> 永初二年，大將軍鄧騭聞融名，召爲舍人，非其好也，遂不應命，客於涼州武都、漢陽界中。會羌虜颷起，邊方擾亂，米穀踊貴，自關以西，道殣相望。融既飢困，乃悔而歎息，謂其友人曰：「古人有言：『左手據天下之圖，右手刎其喉，愚夫不爲。』所以然者，生貴於天下也。今以曲俗咫尺之羞，滅無貲之軀，殆非老莊所謂也。」故往應騭召。

値得注意之處，乃此時道家思想已與西漢時異，法家刑名之術，改旗換幟，轉與儒家相合，道家則老莊並稱。所表現者，極端個人主義之行爲也，融既不以曲俗咫尺之羞，滅無貲之軀，其生活又「善鼓琴，好吹笛，達生任性，不拘儒者之節。居宇器服，多存侈飾，常坐高堂，施絳紗帳，前授生徒，後列女樂。」已以老莊思想指導人生，與魏晉文人無異，而仲長統者，更爲正始名士希慕之對象。《後漢書》本傳中言其欲卜居清曠，以樂其志，而作論曰：

> 使居有良田廣宅，背山臨流，溝池環帀，竹木周布，場圃築前，果園樹後。舟車足以代步涉之艱，使令足以息四體之役。養親有兼珍之膳，妻孥無苦身之勞。良朋萃止，則陳酒肴以娛之；嘉時吉日，則亨羔豚以奉之。躕躇畦苑，遊戲平林，濯清水，追涼風，釣游鯉，弋高鴻。諷於舞雩之下，詠歸高堂之上。安神閨房，思老氏之玄虛；呼吸精和，求至人之彷彿。與達者數子，論道講書，俯仰二儀，錯綜人物。彈〈南風〉之雅操，發清商之妙曲。消搖一世之上，睥睨天地之間。不受當時之責，永保性命之期。如是，則可以陵霄漢，出宇宙之外矣。豈羨夫入帝王之門哉！

效慕莊子逍遙放達，又開魏晉名士風氣矣。漢末道家思想已逐漸自黃老刑名轉變至老莊之曠達，到魏晉，老莊逍遙自肆之風更盛，凡號曰名士者，莫不以此爲生命中思想言行之指標，社會中瀰漫一股放誕恣慾氣息，此乃誤解莊說所致，然此股潮流，漢末馬融、仲長統諸人可謂開風氣之先。

志・李譔傳》：「譔父仁與同縣尹默俱游荊州，從司馬徽、宋衷等學，譔具傳其業，著有《太玄》《指歸》。」陸績爲《太玄》作注，以宋衷《解詁》爲藍本，其《述玄文》云：「…（績）就以仲子《解》爲本，其合於道者因仍其說，其失者因釋而正之。」（嚴可均輯《全三國文》引自《太玄》范望注本）

大抵觀來，漢末道家之質變而影響魏晉文人之思想言行者二：一者，道家之超越生命，落為道教形軀之養生。馬融有「生貴於天下」之嘆，仲長統高詠「不受當時之責，永保性命之期」，已強調老莊思想中「貴己重生」之重要，由道家精神之超越，落入形下之養生；然漢初黃老本非純粹之道家，夾雜「黃帝」之言行者甚多，據《漢書・藝文志》所載，託黃帝之名之書者，共廿三種，其種類甚為繁多〔註4〕，傳說中之黃帝，善於養生，為學仙之楷模，漢代黃帝化仙之說甚為普遍，《黃帝內經》首篇為〈上古天眞論〉，特託黃帝之說，以明養生之術，《史記・封禪書》記少君對武帝之言：

祠竈則致物，而丹砂可化為黃金。黃金成，以為飲食器，則益壽。益壽則海中蓬萊仙者可見。見之以封禪則不死，黃帝是也。

漢代黃老自政壇中隱形後，即化整為零、改頭換面，以養生修煉之形態活躍於好道之士中；加以老莊思想中，本有超越生命之神秘傾向，而此種形軀之超越，並不受經驗之影響，故易滋生常人之誤解。《老子》曰：

蓋聞善攝生者，陸行不遇兕虎，入軍不被兵甲。兕無所投其角，虎無所措其爪，兵無所容其刃，夫何故？以其無死地。（五十章）

《莊子・大宗師》：

古之眞人，不知說生，不知惡死，其出不訢，其入不距，翛然而往，翛然而來而已矣。不忘其所始，不求其所終，受而喜之，忘而復之，是之謂不以心捐道，不以人助天，是之謂眞人。

又曰眞人能夠「登高不慄，入水不濡，入火不熱」，其中所述眞人已具神化、仙化之傾向，豈不為道教中人所企慕？

道教之產生，可淵源於上古傳統之宗教信仰，加上秦漢間道士與方士之鼓吹，帝王之喜好，藉道家之黃帝、老子、莊子、列子之名，大盛於魏晉，甚且

〔註4〕據《漢書・藝文志》所載道家類有《黃帝四經》四篇、《黃帝銘》六篇、《黃帝君臣》十篇、《雜黃帝》五十八篇、《力牧》廿二篇。陰陽家類有《黃帝泰素》廿篇。小說家類有《黃帝說》四十篇。兵陰陽類有《黃帝》十六篇、《封胡》五篇、《風后》十三篇、《力牧》十五篇、《鵊冶子》一篇、《鬼容區》三篇、《地典》六篇。天文類有《黃帝雜子氣》卅三篇。曆譜類有《黃帝五家曆》卅三卷。五行類有《黃帝陰陽》廿五卷、《黃帝諸子論陰陽》廿五卷。雜占類有《黃帝長柳占夢》十一卷。醫經類有《黃帝內經》十八卷、《外經》卅九卷。房中類有《黃帝三王養陽方》廿卷。神仙類有《黃帝雜子步引》十二卷。《黃帝岐伯按摩》十卷、《黃帝雜子芝菌》十八卷、《黃帝雜子十九家方》廿一卷。以上託黃帝之名，共廿三種。

影響中國文化數千年，而道教攝生修煉之理論，多就道家修養功夫加以發揮，於是自漢世起，遂常有道教、道家相混淆之情形，《老》《莊》書中之神話寓言人物，皆因彼等最能實踐道家之精神，而被視爲修成正果。此已異於老莊之原始意義，然魏晉人卻熱衷於此種形下之養生與成仙之追求。稽康〈養生論〉云：

善養生者，則不然矣。清虛靜泰，少私寡欲。知名位之傷德，故忽而不營，非欲而彊禁也；識厚味之害性，故棄而弗顧，非貪而後抑也。外物以累心不存，神氣以醇白獨著。曠然無憂患，寂然無思慮。又守之以一，養之以和。和理日濟，同乎大順。然後蒸以靈芝，潤以醴泉，晞以朝陽，綏以五弦。無爲自得，體妙心玄。忘歡而後樂足，遺生而後身存。若此以往，庶可與羨門比壽，王喬爭年。

其變《莊》之迹，顯然可見。

二者，道家之達生觀，復變爲任誕悖俗之狂放。老子觀復，求反本復初；莊子達生，欲超然塵世，皆去人世之詐僞，懷素抱樸，求原始自然之我。故否定德性，否定智性，打破一切價值規範，以達形軀之超越。《老子》十六章云：

致虛極，守靜篤，萬物竝作，吾以觀復。夫物芸芸，各復歸其根，歸根曰靜，是謂復命，復命曰常，知常曰明，不知常，妄作凶。……

老子觀復以求歸本棄末，故反對現實之仁義禮智，以其失於自然，廢大道而萌詐僞也。故十八章云：

大道廢，有仁義；智慧出，有大僞；六親不和，有孝慈；國家昏亂，有忠臣。

三十八章云：

失道而後德，失德而後仁，失仁而後義，失義而後禮。夫禮者，忠信之薄，而亂之首。

此種言論之產生，乃老子眼見亂世紛擾，全因人類失去自我原始之自然，故有如此激烈之說，然其熱忱世人胸懷，則不時浮現於言辭之間；若莊子，則更本其熱情，力言達生之超然哲學，爲困頓之現實生命，打開一道光明而智慧之窗，《莊子》曰：

夫欲免爲形者，莫如棄世。棄世則無累，無累則正平，正平則與彼更生，更生則幾矣。事奚足棄而生奚足遺？棄世則形不勞，遺生則精不虧。夫形全精復，與天爲一。（〈達生篇〉）

莊子肯定超越形軀之情意我，以解決生命中無數累贅之煩擾，認爲惟有棄世遺生，始能形全精復，達到與天爲一之境界。莊生及其後學，自有一套完整之中心思想，惟有眞正了解莊說，其實踐於言行方能不偏離正軌。反觀魏晉任誕諸人則誤解其觀復達生，由老莊情意之觀照，一變而爲縱任不拘、反禮悖俗之失檢生活；既無正確之生命指導方向，則難求達觀，惟有終日生活於掙扎與矛盾之中。觀阮籍遭母喪而飲酒食肉，返家卻嘔血數升〔註5〕即知其苦處。等而下之，若《世說新語・任誕篇》所載：

諸阮皆能飲酒，仲容至宗人間共集，不復用常桮斟酌，以大甕盛酒，圍坐，相向大酌。時有群豬來飲，直接去上，便共飲之。(第十二條)

此種作風，其距老莊觀復守常、棄世無累境界，不亦遠乎。

至道家有無理論之探討，則爲魏晉玄學開啓堂皇大門，揚雄著述，高標《太玄》，正視老子形上之義，自王弼來，清談家皆以「無」爲萬物之根本，不僅將之灌注於儒學領域，以求打通儒道二者鴻溝，更以之應用於其他玄理上，無論《言意之辨》、聖人之有無喜怒哀樂、王弼《大衍義》、名教與自然之爭，乃至於人物評鑒之趨於美學欣賞，純以形相直覺品評人物，其最高境界，莫不與此「無」相通也。

賀昌羣先生於《魏晉清談思想初論》一書中，言魏晉玄學家以「無」通儒家之「中」與佛家之「空寂」，曰：

儒家承認現實，其學折衷於理想與事實之間，所以懸一「中」字以顯體。道家絕聖棄智，舉現社會一切而否定之，而別有其所謂聖所謂智者，所以立一「無」字。降及六朝，清談玄義復與佛理相輝映，談空論寂，本無末有，於是儒道佛三家義理正如三直線在一點相交，未至此時本有不同，過此以往，亦有不同，適在本體論上合而爲一。而三家之學，經此一合，又各有所變，在中國文化思想上，形成一偉大崇高之哲學體系，皆由魏晉間王弼諸人發其端也。

則魏晉玄學家以道家「無」之本體作基礎，建立中國少有之形上哲學，對中國文化思想而言，實爲不可抹滅之大貢獻。

第二節　儒家思想之質變

漢代崇儒運動歷經賈誼、衛綰、竇嬰、田蚡、趙綰、王臧、公孫弘、董

〔註 5〕見《世說新語・任誕篇》。

仲舒諸人之努力，而完成於武帝之手，《史記・儒林列傳序》云：

及今上即位，趙綰、王臧之屬明儒學，而上亦鄉之，於是招方正賢良文學之士。……及竇太后崩，武安君田蚡爲丞相，黜黃老刑名百家之言，言文學儒者以數百人，而公孫弘以《春秋》，白衣爲天子三公，封以平津侯，天下之學士靡然鄉風矣。

《漢書・董仲舒傳》：

自武帝初立，魏其、武安侯爲相，而隆儒矣。及仲舒對冊，推明孔氏，抑黜百家，立學校之官，州郡舉茂材孝廉，皆自仲舒發之。

然觀《史記・武帝紀》之內容，其求神仙、議封禪、對鬼神之興趣，實大於儒術。武帝之所以倡儒，乃基於政治專制、思想統一之目的，非眞好儒也。班孟堅《儒林傳贊》中有深刻之評論，曰：

自武帝立五經博士，開弟子員，設科射策，勸以官祿，迄於元始，百有餘年，傳業者浸盛，支葉蕃滋，一經說至百餘萬言，大師眾至千餘人，蓋祿利之路然也。

學風誠盛，然莫不以此爲求利祿之終南捷徑。故太史公每讀至廣厲學官之路，未嘗不廢書而歎，因以利祿誘儒，以文學者爲官，而古士人求爲「王者師」之崇高精神，遂泯滅不彰。《魏書・董昭傳》記董氏上〈疏〉曰：

竊見當今年少，不復以學問爲本，專更以交遊爲業。國士不以孝悌清修爲首，乃以趨勢遊利爲先。

知至末世以利誘儒已產生莫大流弊。方苞《望溪集》曰：

而弘（公孫弘）之興儒術也，則誘以利祿，而曰：以文學禮義爲官，使試於有司，以聖人之經爲藝，以多誦爲能，通而比於掌故。由是，儒之道污、禮義亡，而所號爲文學者，亦與古異矣。

然而，此種影響尙且止於表面，至「所號爲文學者，亦與古異」，儒學之質變，則影響深遠而精義盡失。儒術既尊，士子以之爲利祿之途，莫不奔赴，禮義精粹遂亡，更嚴重者，漢人以陰陽五行比附儒學，孔孟思想因而蒙塵。

漢代思想之所以爲漢代思想者，其關鍵在於董仲舒。《漢書・五行志敘》曰：

漢興，承秦滅學之後，景武之世，董仲舒治《公羊》《春秋》，始推陰陽爲儒者宗。

董氏將陰陽四時五行之氣，認定爲天之具體內容，伸向學術、政治、人生之角落，完成天人感應之哲學系統，形成漢代思想特性。觀《春秋繁露》一書，皆以陰陽五行配政事，《漢書・董仲舒傳》：

> 仲舒治國，以災異之變，推陰陽所以錯行。故求雨，閉諸陽，縱諸陰，其止雨反是，行之一國，未嘗不得所欲。

以其肯定大一統之專制政體，故雖有崇高之政治理想，哲學體系終不免淪爲統治者之運用工具，以作其承天起祚依據。如此一來，經書內容之解釋，偏向於以政治利益作爲依歸。於是災異五行解釋經書之風大盛，上下相推，蔚成時風。哀平之間，讖緯既興，其時徵試博士，以災異對策者，輒得高第。王莽好符命，光武以符籙登位〔註6〕，一時學者如賈逵、何休等因之顯達，經學大師鄭玄，亦不免爲之作注。《後漢書・方術列傳》曰：

> 漢自武帝頗好方術，天下懷協道藝之士，莫不負策抵掌，順風而屆焉。後王莽矯用符命，及光武尤信讖言，士之赴趨時宜者，皆馳騁穿鑿，爭談之也。故王梁、孫咸名應圖籙，越登槐鼎之任，鄭興、賈逵以附同稱顯，桓譚、尹敏以乖忤淪敗。自是習爲內學，尚奇文，貴異數，不乏於時矣。

《隋書・經籍志》亦云：

> 王莽好符命，光武以圖讖興，遂盛行於世。漢世又詔東平王蒼正五經章句，皆命從讖。俗儒趨時，益爲其學。篇卷第目，轉加增廣。言五經者，皆憑讖爲學。

漢世陰陽家言大盛，其影響於儒家者，乃天人相應之說，此眾所皆知，然其於道家，亦有一股不可忽視之影響力量。蓋陰陽家視人爲天所生，言「凡物者陰陽之化也。陰陽者造乎天而成者也。」（《呂氏春秋》卷二十〈知分〉）由此而發展出兩種重要觀念，一爲對生命之尊重，一爲由養生而可以與天地相通。養生之說雖可緣於老子貴己重生思想，然漢世養生已庸俗化、神秘化，則不可不謂與陰陽家言有關。由養生致精以與天地通應之思想，再旁通於神仙方士，於是發展爲道教之鍊氣鍊丹〔註7〕。

〔註6〕《漢書・王莽傳》：「謝囂奏武功亭長孟通浚井得白石，有丹書文曰：『告安漢公莽爲皇帝』，符命之起，自此始矣。」《後漢書・光武帝紀》云：「光武先在長安時同舍生彊華自關中奉《赤伏符》，曰『劉秀發兵捕不道，四夷雲集龍鬬野，四七之際火爲主』。……光武於是命有司設壇場於鄗南千秋亭五成陌。六月己未，即皇帝位。」

〔註7〕詳見徐復觀《兩漢思想史》卷二：〈呂氏春秋及其對漢代學術與政治之影響〉，

魏晉因雜混儒道二家而形成玄學，陰陽家言實亦爲互通之門徑。呂師曰：

> 惟道家之學與儒家之學，宗旨各異，其欲混同，實爲不易。然魏晉之際竟然混而爲一，究其原因，必非偶然。實因爲漢代之思想，就表面而觀，道、儒各盛於一時。然就實而論，則陰陽家之說，籠罩於兩漢之世。而道家與儒家，皆對陰陽家之說，大量吸收。陰陽家學說之入於道者，爲服食導引神仙之內學；其入於儒者，爲天人相應之說。道、儒二家，至於魏晉，由於漢世陰陽之學互相媒介，而混合變爲內天外人之學。

由深具神秘思想之災異讖緯，進入同樣神秘之服食導引神仙養生之術，二者實僅一紙之隔，相通甚易，然陰陽家言促使儒家思想之質變，非惟此也。

漢世由於天人合一學說興起，行事依違皆據天道以爲準的，人類意志於是無所謂自覺之理性。如此則孔子強調仁、義、禮之本質，孟子申論性善之四端，遂因而變質。承此關鍵者，依舊爲董仲舒。董氏以人受命於天，一切之善，皆須遵天而行，依天之規律及意志，作爲人類德性之根源，天有陰陽之氣，人亦有貪仁二性，《春秋繁露・深察名號》曰：

> 身之名取諸天，天兩，有陰陽之施，身亦兩，有貪仁之性。天有陰陽禁，身有情欲栣，與天道一也。

貪仁二性既一於天，性乃爲「自然之資」，故又曰：

> 性之名，非生與？如其生之自然之資謂之性。

生爲自然之資，此固受陰陽五行影響，然此時告子、荀子之性說，大行於漢，亦爲主要左右力量。漢人論性，皆捨孔孟而取告、荀，告子曰：「生謂之性」（《孟子・告子篇》），荀子曰：

> 生之所以然者謂之性，性之和所生，精合感應，不事而自然謂之性。性之好惡喜怒哀樂謂之情。（《荀子・正名篇》）

此種自然性說，再摻以道家自然無爲思想之潛在勢力，三者揉合，於是漢代大爲流行。董氏亦深受之，故王充曰：

> 董仲舒覽《孫（荀）》《孟》之書，作情性之說曰：天之大經，一陰一陽；人之大經，一情一性。性生於陽，情生於陰。陰氣鄙，陽氣仁。曰性善者，是見其陽也；謂惡者，是見其陰也。（《論衡・本性篇》）

及〈先秦儒家思想的轉折及天的哲學的完成〉二文。

即其例證〔註 8〕。董仲舒自然性說配以陰陽五行，則孔孟心性之學一變於前，至東漢王充以才、性、命合論，則孔孟心性再變於後，且爲魏晉才性之說開路。

王充以一矜才負氣之鄉曲書生論述，因仕途之不遭時運，故言論頗帶偏激，對不可解釋失意境遇，只有託之於命，作自我紓解之途徑。其論性仍本自然，《論衡・初稟篇》中云：

> 人生性命當富貴者，初稟自然之氣，養育長大，富貴之命效矣。

然性與命並不相同，〈命義篇〉云：

> 夫性與命異，或性善而命凶，或性惡而命吉，操行善惡者，性也；禍福吉凶者，命也。或行善而得禍，是性善而命凶；或行惡而得福，是性惡而命吉也。性自有善惡，命自有吉凶。使命吉之人，雖不行善，未必無福；凶命之人，雖勉操行，未必無禍。

此言或出於不平之怨氣，然亦有幾分眞實，蓋生命中不可捉摸之機遇，有時的確可以決定一人之禍福，而無可解釋，亦無法用人力改善，於莫可奈何中，只有委之於命。王充於此種負面意義之自然生命，有相當深刻之體悟，牟宗三先生言其學說之價値即在此也〔註 9〕。

性命既異，其決定者亦不同，命與時遇，性與才論。〈祿命篇〉云：

> 故夫臨事知愚，操行清濁，性與才也；仕宦貴賤，治產貧富，命與時也。

然因王充未曾自覺「心」之地位與作用，僅強調「用氣爲性，性成命定」（〈無形篇〉），終使其性命論淪爲材質主義、命定主義，無法向上騰越，進至道德之理想主義。而才性合言，則開魏晉才性論之端倪。〈本性篇〉云：

〔註 8〕 呂師《魏晉玄學析評》頁 39：漢人說性，大略可分爲三派。董仲舒、《白虎通》、及諸緯書爲一派，以性分陰陽，陽爲性而仁善；陰爲情而貪惡。此與「性可以爲善，可以爲不善」一派頗爲相近。劉向、《禮記樂記》爲一派，雖以陰陽論性，但以陰靜爲性，以陽動爲性。性在身而不發故善，情出於外接物，故不善。此與「有性善，有性不善」一派頗爲相近。揚雄爲一派，以「人之性也善惡混」爲說，此與「人性之無於善不善也」一派頗爲相近。然此三派，皆有一共同之點，即皆以「自然」說性。

〔註 9〕 《才性與玄理》第一章：王充對此「差異強度之等級性」以及由之而來的「命定」，似有極強烈而眞切之感受，於此眞知其有無奈何處。吾人亦可推而言之，知其於「自然生命」之獨特性有極眞切之認識。彼能以徹底之材質主義、自然主義、命定主義，將此自然生命之領域顯括出。王充之思想，如其於學術上有價值，其價値即在此。負面之自然生命括不出，則正面之精神生命亦不能有眞切之彰顯。是以佛教必剖解阿賴耶識也。

實者人性有善有惡，猶人才有高有下也。高不可下，下不可高。謂性無善惡，是謂人才無高下也。稟性受命，同一實也。命有貴賤，性有善惡。謂性無善惡，是人命無貴賤也。九州田土之性，善惡不均，故有黃赤黑之別，上中下之善；水潦不同，故有清濁之流，東西南北之趨。人稟天地之性，懷五常之氣，或仁或義，性術乖也；動作趨翔，或重或輕，性識詭也。面色或白或黑，身形或長或短，至老極死，不可變易，天性然也。

將善惡之性，視爲一種才能，才爲性具體化之原則。牟宗三先生云：

「才」是能，是「會恁地去做」。（朱子語）。才能是個材質的觀念（Material）。它可以通於氣性之善惡，亦可以通於「靈氣」之智愚。

又云：

才通於靈氣之智愚，而會恁地去表現靈氣，即成爲智。否則，即成爲愚。故智愚是才，亦通於性。氣性之清者即智，氣性之濁者即愚。清濁通善惡，亦通智愚。而才則貫其中而使之具體化。具體化清濁而成爲賢不賢，亦具體化清濁而成爲智與愚。故才是具體化原則（Principle of Concretion）。（《才性與玄理》）

此種材質之性，合自然與命定而成爲不可移易之性，故王充力倡骨相之說，曰：

人曰命難知，命甚易知，知之何用？用之骨體。人命稟於天，則有表候於體，察表候以知命，猶察斗斛以知容矣。（〈骨相篇〉）

不惟性、命有骨法，即才不才，智與愚亦有骨法。王充又曰：

非徒富貴貧賤有骨體也，而操行清濁亦有法理。貴賤貧富命也，操行清濁性也。非徒命有骨法，性亦有骨法，惟知命有明相，莫知性有骨法，此見命之表證，不見性之符驗也。（同上）

然而，相人之法隱匿微妙，不易得其實，須內外雙兼始可，王充曰：

相或在內，或在外，或在形體，或在聲氣；察外者遺其內，在形體者亡其聲氣。……不能具見形狀之實也。（同上）

於是魏晉才性之說因此而興，爲此開出人物品鑒之美學。劉邵《人物志》論情性之理，必自形質關連中求之，質爲內，形爲外，觀其情（形）而求其性（質），所謂：

物生有形，形有神精，能知精神，則窮理盡性。性之所盡，九質之徵也。然則平陂之質在於神，明暗之實在於精，勇怯之勢在於筋，強弱之植在於骨，躁靜之決在於氣，慘懌之情在於色，衰正之形在於儀，態度之動在於容，緩急之狀在於言。(《人物志．九徵》第一)

自神、精、筋、骨、氣、色、儀、容、言，觀察人之個性。至魏晉時代，人物品鑒逐漸走向玄虛，其所據以爲品鑒之標準，更離不開此種原則。

《人物志》可謂爲討論才性爲主題之作，劉卲以才限理，以爲材性不同，則體各有別，所決之理亦異。〈材能〉第五云：

能出於材，材不同量，材能既殊，任政亦異。

由於才性之不同，劉卲將人流之業分爲十二，「有清節家、有法家、有術家、有國體、有器能、有臧否、有伎倆、有智意、有文章、有儒學、有口辨、有雄傑」(〈流業〉第三)，才性不同，成就亦異。劉卲依此原則，引申爲一套完整之理論體系，下賅有名之《四本論辨》。《四本論》亦以才性之同、異、離、合爲命題，傅嘏論同，李豐論異，鍾會論合，王廣論離，劉孝標《世說新語．文學第四》注云：

會論才性同異傳於世。四本者：言才性同，才性異，才性合，才性離也。尚書傅嘏論同，中書令李豐論異，侍郎鍾會論合，屯騎校尉王廣論離。文多不載。(第五條)

是爲正始時代之名理。

才性之論因孔孟心性論之衰而漸起，開啓魏晉南北朝清談之風，王充即此趨勢之代表人物。其論衡於東漢雜著中，確代表著某種程度之心靈轉向，自漢儒上承告子、荀子之自然性說，再摻雜陰陽家之言人受命於天，配以漢代盛行之道家自然無爲思想，孔孟心性之學早已遭受蒙蔽。王充依此潮流，自自然性說走向命定，再言才性之合，於此開魏晉才性名理，以才品鑒、以才限理，影響不可謂不大。然則，由自然性說範圍，集中縮小於才性名理之探討，王充是其橋樑矣。

第三節　荊州新學之興起

漢末劉表爲牧荊州，民生豐樂，因劉氏好名愛才；故一時知名俊杰，咸往趨附，荊州成爲儒士研經講學之庇蔭所。據王粲《荊州文學記官志》所載：

有漢荊州牧劉君，稽古若時，將紹厥績，……乃命五業從事宋衷所作文學，延朋徒焉；宣得音以贊之，降嘉禮以勸之。五載之間，道化大行，耆德故老綦毋闓等負書荷器，自遠而至者，三百有餘人。(《全後漢文》卷九十一)

又〈劉鎮南碑〉言其：

武功既亢，廣開雍泮，設俎豆，陳罍彝，親行鄉射，躋彼公堂，篤志好學，吏子弟受祿之徒，蓋以千計，洪生巨儒，朝夕講論，誾誾如也。(《全三國文》卷五十六)

由於荊州之安定與劉表熱心提倡，故大亂之世，此地獨爲儒者避難樂土，天下之士競相歸依，形成一重要之學術團體。荊州學團以宋衷爲首，當時博學鴻儒，多從其學而傳其業，《蜀志・李譔傳》：

譔父仁與尹默俱游荊州，從司馬徽、宋衷等學，譔具傳其業，著《古文易》、《尚書》、《毛詩》、《三禮》、《左氏解》、《太玄指歸》，皆依準賈馬，異於鄭玄。

而王肅從宋衷讀《太玄》，更爲之解，其學本有得於宋衷，湯錫予先生云：

《魏志》、《王肅》「從宋衷讀《太玄》，而更爲之解」則子雍（肅）之學，本有得於宋衷子。子雍善賈馬之學而不好鄭玄，仲子之道固然也。〔註10〕

凡此之時，荊州學團之主要工作，可概分爲兩方面，一者爲經說之簡化運動，一者以解說義理之方式解說經書。率由宋衷諸人主其事。

經說簡化之觀念，漢代不乏其人，揚雄少而好學，不爲章句，詁訓通而已；劉歆力陳古學之可靠價值，而指斥今學章句之煩瑣；《後漢書》中載桓譚「博學多通，徧習五經，皆詁訓大義，不爲章句」；班固所學無常師，不爲章句，僅舉大義；至王充、馬融好博覽而不守章句，皆是有意反抗繁辭縟句之革新精神。蓋漢世儒術獨尊，高舉師法之結果，竟使學者不敢偏離師說，只得自訓詁章句上鑽研，故一經說可至數十百萬言，其知識活動範圍狹隘，只好玩弄語言魔術，自欺欺人。《漢書・儒林傳》曰：

說五字之文，至於二、三萬言，後進彌以馳逐，故幼童而守一藝，白首而後能言，安其所習，毀所不見，終以自蔽，此學者之大患。

桓譚《新論》謂：

秦近（延）君能說《堯典》篇目，兩字之說，至十餘萬言。

〔註10〕參見《魏晉玄學論稿》「〈王弼之周易論語新義〉」一文。

皓首窮經而終以自蔽，但解二字而至十餘萬言，非但經書眞義難見，且浪費無數學子精力。至此，刪書之舉乃不得不發。《後漢書・桓榮傳》云：

> 初，（桓）榮受朱普學章句四十萬言，浮辭繁長，多過其實。及榮入授顯宗，減爲二十三萬言。郁復刪省定成十二萬言，由是有《桓君大小太常章句》。

東漢章帝建初四年詔，引中元元年詔書，以五經章句煩多，議欲減省，永平元年，長水校尉鯈奏言先帝大業，當以時施行，一時群儒諍諫，於是有白虎觀之會。《後漢書・楊終傳》云：

> 終言宣帝博徵羣儒，論定五經於石渠閣，方今天下少事，學者得成其業，而章句之徒，破壞大體，宜如石渠故事，永爲後世則。於是詔諸儒於白虎觀論考同異焉。

此舉雖績效不彰，反引起更多之爭議，然經書簡化運動已成爲必然之勢。鄭玄爲東漢大儒，其學說風行一時，而其說之所以風行，能刪繁就簡是一大原因。《鄭玄傳論》曰：

> 漢興，諸儒頗修藝文，及東京學者亦各名家；而守文之徒，滯固所稟，異端紛紜，互相詭激，遂令經有數家，家有數說，章句多者，或乃百餘萬言，學徒勞而少功，後生疑而後莫正。鄭玄括囊大典，網羅眾家，刪裁繁誣，刊改漏失，自是學者，略知所歸。（《後漢書・儒林傳》）

荊州新學重點之一，亦即芟除煩重經說，《魏志劉表傳裴注》引《英雄記》云：

> （劉表）乃開立學官，博求儒士，使綦毋闓、宋忠等撰定《五經章句》，謂之《後定》。

〈劉鎭南碑〉云：

> 君深愍後學，遠本離眞，乃會諸儒，改定《五經章句》，刪剗浮辭，芟除煩重；贊之者用力少，而探微知機者多。又求遺書，寫還新著，留其故本，於是古典墳集，充滿州閭。（《全三國文》卷五十六）

由於漢魏之際，荊州爲當時儒學重鎭，其改定《五經章句》，可謂爲前代屢次之刪減作一圓滿之總結，然更重要者，去除浮辭煩文之另一啓示，即於經書，亦產生「得意忘言」之要求，掃除章句而作義理上之探討。引導儒學往新途發展，荊州學者「探微知機」，可謂領導時尚。

東漢鄭玄徧注羣經，兼採古、今文，以其「括囊大典，網羅眾家，刪裁繁誣，刊改漏失」，當時學者苦於家法之繁雜，至此莫不翕然相從。然其說旨，仍取陰陽、讖緯、詁訓以釋經書，未足以滿足儒生探尋義理之需求，荊州新學於焉產生。新學學者注釋經書，多已擺脫兩漢以來之陰陽、五行等神秘思想，而採用平實、合理之古文立說，宋衷重古文，依準賈馬而與鄭玄立異，甚如王肅以專詰鄭氏為己任，王鄭之爭，可謂為學術思想異同之思想論爭，而王肅是為荊州新學術、新思想之重要代表者。其作甚豐，惜多亡佚。今可見諸古籍所引，及各家所輯佚文之成帙者，有《周易注》、《尚書注》、《詩注》、《三禮注》、《左氏注》、《孝經注》、《論語注》等七經。當此以前，若劉表著《周易章句》及《新定禮》，宋衷之《周易注》等，僅餘斷簡殘編，但能窺其大較，又據顏之推所言，王粲集中有難鄭玄尚書事〔註11〕，凡此皆不可得，然荊州學風喜張異議，要無可疑。此時著述，今存而完整可知者、王弼注也。湯錫予於《魏晉玄學論稿》中曰：

> 宋衷之學，異於鄭君，王肅之術，故訐康成。王粲亦疑難鄭之「《尚書》」。則荊州之士踔跑不羈，守故之習薄，創新之意厚。劉表「《後定》」，抹殺舊作。宋王之學，亦特立異。而王弼之「《易》」，不遵前人，自係當時之風尚如此也。（《王弼之周易論語新義篇》）

王弼與荊州關係密切，自可由其論著一睹當時學術風氣。蓋王弼雖未曾居住荊州，然其家世與荊州頗有淵源。山陽劉表受學於同郡王暢，漢末暢孫粲與族兄凱避地荊州，依附劉表。表以女妻凱，然粲之二子與宋衷均死於魏諷之難，魏文帝因而以凱之子業嗣之，王弼即業之子，宏之弟，亦即粲之孫也。王弼父祖與荊州學團淵源甚深，其兄王宏又好玄言，「則王弼之家學，上溯荊州，出於宋氏。夫宋氏重性與天道，輔嗣好玄理，其中演變應有相當之連繫也。」〔註12〕

王弼世目為魏晉玄學之始祖，雖與漢世揚雄同主玄意，然二者精義實甚

〔註11〕顏之推嘗稱《王粲集》中有〈難鄭玄尚書事〉，載之《顏氏家訓》：「吾初入鄴，與博陵崔文彥交遊，嘗說《王粲》集中〈難鄭玄尚書事〉，崔轉為諸儒道之。始將發口，懸見排蹙，云：『文集中有詩、賦、名誄，豈當論經書事乎？且先儒之中，未聞有王粲也。』崔笑而退，竟不以粲集示。」《唐書元行沖釋疑》，謂：「王粲嘗求玄學，得《尚書注》，退而思之，以盡其意；意皆盡矣，所疑之者，猶未盡焉，凡有兩卷，列於其集。」

〔註12〕見湯錫予《魏晉玄學論稿》頁90。

不同。漢代偏重於天地運行之物理，魏晉貴談有無之玄致，黜天道而究本體，以寡御眾而歸於玄極，忘象得意，游於物外，以萬有爲末，以虛無爲本，王弼以玄思入《易》，影響整個魏晉清談界，此種思想之脈絡，當自荊州新學中找尋也。

第四節　名法思想之落實

先秦名家重在思辯，只依據純粹思考，探討邏輯理論與形上問題，公孫龍、惠施、鄧析諸人是其代表。名家之基本立場，乃探尋某種認知之問題，純就知識本身進行思辯，於先秦各派眼中，是爲名家學說無用之罪證。《荀子・非十二子篇》批評名家：

> 不法先王，不是禮義，而好治怪說，玩琦辭；甚察而不惠，辯而無用，多事而寡功，不可以爲治綱紀。然而其持之有故，其言之成理，足以欺惑愚眾，是惠施鄧析也。

今觀《公孫龍子》一書，爲世所熟知者「〈白馬〉」、「〈堅白〉」、「〈指物〉」等篇目，其探討邏輯、形上旨趣，以今日眼光視之，固甚淺薄，然古代名學不甚發達，此學素稱難讀，莫怪乎荀子言其「好治怪說，玩琦辭，甚察而不惠，辯而無用」，又因其「不法先王，不是禮義」，「多事而寡功」，受儒家道德哲學所批評，於是此派學說，亦即所謂辯者之學，遂泯滅不彰。漢世以來，知者甚少，而非之者多。若司馬談《論六家要旨》，言名家曰：

> 名家苛察繳繞，使人不得反其意，專決於名，而失人情；故曰：使人儉而善失眞。若夫控名責實，參伍不失，此不可不察也。

而班固《漢書・藝文志》云：

> 名家者流，蓋出於禮官。古者名位不同，禮亦異數。孔子曰：「必也正名乎！名不正則言不順，言不順則事不成」；此其所長也。及謷者爲之，則苟鉤鈲析亂而已。

其所非者，所謂「苛察繳繞」「鉤鈲析亂」皆指此派名家而言。然而，漢人對於名家之認識，並非按此辯者路線發展，卻著重於孔子所言之「正名」；觀司馬談、班固所譽者，乃在「控名責實」、「名正言順」上，而非辯者名學可知。勞思光先生於《中國哲學史》中言：

> 蓋有關「名」之理論，在先秦本有兩支；一支屬於辯者（包括《墨

經》所載之墨家後學理論），另一支屬於儒者；漢人所了解者僅爲屬儒家一支；……簡言之，辯者之說，基本旨趣在於形上學及邏輯方面，而儒者之說，則基本旨趣在道德及政治方面。此乃其根本殊異所在。（頁 329）

二者有根本上之差異。辯者之說於漢代，除東方朔稍有接觸外〔註 13〕，可說是受到絕對之漠視，故今存餘之書不多。然而，時至魏晉，卻掀起另一股討論之熱潮。三國政治情形，頗似於戰國時代，辦外交與當說客之縱橫家四處奔走，權謀與法術思想再度興起，善於口辯成爲時人追求仕宦之途徑，於是，言語藝術之修練受到重視，學術界亦開始注意惠施公孫龍一派之辯論學。《三國·魏志·鄧艾傳》引荀綽《冀州記》云：

爰翰子俞，字世都，清貞貴素，辯於論議。採公孫龍之辭，以談微理，少有能名。

《晉書·魯勝傳》：

魯勝著述爲世所稱，遭亂遺失。惟《注墨辯》存。其敘曰：名者所以別同異，明是非，道義之門，政化之準繩也。……荀卿莊周皆非毀名家，而不能易其論也。名必有形，察形莫如別色，故有堅白之辯。名必有分明，分明莫如有無，故有無序之辯。是有不是，可有不可。是名兩可。同而有異，異而有同，是之謂辯同異。至同無不同，異無不異，是謂辯同辯異。同異生是非，是非生吉凶。取辯於一物，而原極天下之污隆，名之至也。自鄧析至秦時，名家者世有篇籍，率頗難知，後學者莫復傳習，於今五百餘歲，遂亡絕。……又採諸家雜集爲〈形名〉二篇，略解指歸，以俟君子，其或興微繼絕者，亦有樂乎此也。

〈形名〉二篇今雖佚，然由其傳載可知魯勝已直接研究名家理論，甚且爲《墨辯》作注矣。名家學說由於深奧難懂，故雖已受當時文人重視，有些甚至自小習之，卻知音甚希，《世說新語·文學篇》記載：

謝安年少時，請阮光祿道《白馬論》，爲論以示謝。于時謝不即解，阮語重相咨盡。阮乃歎曰：「非但能言人不可得，正索解人亦不可得。」（第二十四條）

謝安重相咨問，引起阮裕之慨嘆，正知解人之不易得。魏晉清談家祖尚老莊

〔註 13〕《鹽鐵論·褒賢篇》云：「東方朔自稱辯略，消堅釋石，當世無雙。」

玄虛，時人有意將惠子學說引入玄理，《世說・文學篇》第五十八條載：

司馬太傅問謝車騎，惠子其書五車，何以無一言入玄？謝曰：故當是其妙處不傳。不論謝玄回答之對錯爲何〔註 14〕，由是可知當時學者對於名學相當重視。《列子・仲尼篇》「白馬非馬」句下，張湛注云：「此論見存，多有辨之者。辨之者皆不弘通，故闕而不論也。」名家學說本有詭辯性質，雖「持之有故，言之成理」，然不免有欺惑愚眾之譏，故即使「多有辨之者」，張湛亦寧「闕而不論」矣。葛洪《抱朴子・應嘲篇》中，曾針對此派學者之詭辯，作深刻之批評：

> 著書者徒飾弄華藻，張磔迂濶，屬難驗無意之辭，治靡麗虛言之美，有似堅白厲修之書，公孫刑名之論，雖曠籠天地之外，微入無間之內，立解進環，離同合異。鳥影不動，雞卵有毛，犬可爲羊，大龜長虵之言，適足示巧表奇以誑俗，何異乎畫敖倉以救飢，仰天漢以解渴。

知當時文人多注意於名家示巧表奇之辯論，其著書受惠子公孫龍之影響亦深矣。

另一方面，落實於當世政治及社會上之儒家「正名」學說，除實際運用於現世外，於學術上亦有長足之發展。一者是人物品鑒之著作及風氣大盛，一者爲言意之辨相起激素，促進玄學之產生。

孔子、孟子皆倡正名，而以道德實踐爲指歸，荀子學說又偏於思考及制度一面，由此而啓發法家韓非「形名」之說，〈揚權篇〉謂：

> 上以名舉之，不知其名；復修其形。形名參同，用其所生。

勞思光先生云：

> ……法家之「形名」觀念。此「形」基本是指「表現」而言；法家用以指政治工作中之成績。此後直至漢代，所謂「刑名」，皆承法家一系而言。又因韓非利用老子「無爲」一觀念，而以權術釋之；漢

〔註 14〕劉大杰《魏晉思想論》頁 182：「司馬道子覺得惠施其書五車，沒有一言入玄，所以發出這樣的疑問。謝玄的回答，當日很受人稱讚，其實是不對的。在他那有名的《歷物十事》內，已經建立了他的宇宙觀與人生觀。人生觀好像有點像墨子的兼愛主義，但他的宇宙觀卻與莊子齊物論內的觀念是一致的。從這一點，我們推想當日講惠子公孫的人恐怕只注意白馬非馬堅白同異那一種奇辭怪說的辯論，沒有人把那些例證歸納起來，研究他們思想的歸宿。所謂『忘其精義，取其粗言』，這種現象是免不了的。」

初所謂「黃老之術」皆承此種思想；故漢人多有習「黃老刑名之術」者，其實皆韓非一系之「刑名」也。(《中國哲學史》卷一，頁350)

漢人所了解之「名家」，皆屬此儒法一系論「名」之思想。如司馬談言名家「控名責實」，班固以名家出於「禮官」是也。

在漢代察舉制度下，偏於人事政治之「名實之辨」，是人物取材上相當重要之基準。當時人君有兩大任務，第一是設官分職，安排官職恰如應有之位分，使名實相符。第二乃人君應有知人之明，量才授官，能依據個人才能給予適當之工作。王符《潛夫論・考績篇》云：

有號者必稱於典，名理者必效於實。則官無廢職，位無非人。

徐幹《中論・考僞篇》：

名者所以名實也。實立而名從之，非名立而實從之也。故長形立而名之曰長，短形立而名之曰短。非長短之名先立，而長短之形從之也。仲尼之所貴者，名實之名也。貴名乃所以貴實也。

才能與位分相配合，尤其重在「實立而名從之」，此種對於名與實相合之要求，形成漢代對人物進行評論之月旦風流，且普遍影響至魏晉南北朝時代，形成此時代一特殊之文化格調。今觀《隋書・經籍志》卷三十四〈子部・名家類〉，列有：《鄧析子》一卷（析、鄭大夫）、《尹文子》二卷（尹文，周之處士，遊齊稷下）、《士操》一卷（魏文帝撰）、《人物志》三卷（劉卲撰）。於魏文帝撰士操下，並註明梁有《刑聲論》一卷，亡。於劉卲《人物志》三卷項下，註明梁有《士緯新書》一卷，姚信撰；《姚氏新書》二卷，與《士緯》相似，當亦爲姚信所作。《九州人士論》一卷，魏司空盧毓撰，《通古人論》一卷，亡佚，其撰者不明。以上諸書，除先秦兩種古籍外，餘皆與《人物志》相類〔註15〕；是人物品評率列爲名家。此時名家之定義，乃由政治上循名責實，發展至「察顏觀色」人物品鑒之學也。

然而，察顏觀色之人物品鑒，最重要者，在於識鑒之明。因爲求名與實之相符，有賴於識，而推求名實相符以至極致，必然產生形不待名，理不俟言之困擾，唯見機知微、能以意全而不須言宣之士，能夠瞻外形而得其神理，視之而會於無形，評量人物，百無一失。歐陽建雖主張言可盡意，於此亦不得不述及言不盡意之論，云：

夫天不言而四時行焉，聖人不言而識鑒存焉。形不待名而圓方已著，

〔註15〕詳見湯錫予〈魏晉玄學論稿讀人物志〉一文。

色不俟稱而黑白已彰。然則名之於物無施者也，言之於理無爲者也。

深刻體會言有窮時，是魏晉名家學說一轉至無形無名玄學之關鍵。魏晉品家由之而評鑒流於玄虛，轉向美學之鑑賞，玄學中人更因而悟之，建立一套前所未有之玄學系統。

故湯錫予先生曰：

> 名家原理，在乎辨名形。然形名之檢，以形爲本，由名於形，而形不待名，言起於理，而理不俟言。然則識鑒人物，聖人自以意全，而無需於言。魏晉名家之用，本爲品評人物，然辨名實之理，則引起言不盡意之說，而歸宗於無名無形。夫綜核名實，本屬名家，而其推及無名，則通於道家。

言意之辨上達無名，王弼採用「得意忘言」之旨以注《易》，爲玄宗之始，於是名學之原則，遂一變而爲玄學家首要之方法也。〔註16〕

〔註16〕詳見湯錫予〈魏晉玄學論稿言意之辨〉一文。

第二章　魏晉清談之分期

第一節　自清議到清談

東漢以徵辟察舉制度，選拔政府所需之人才，其主要之評審依據，來自於鄉閭清議。鄉閭清議以臧否人物爲主，由鄉里宗族中負有聲望，又熟習士人行動者，主持評定之任務，此種人物褒貶，可作爲政府用人之權衡，故當時士人欲入仕途，必先得品家之青眼。東漢末年，有名品家當推郭泰及許劭兄弟，《後漢書》卷六八〈郭泰傳〉言其「獎拔士人，皆如所鑒」，注引《謝承書》曰：

> 泰之所名，人品乃定，先言後驗，眾皆服之。

觀史書所錄，其獎訓士類，不遺餘力，所拔諸人，皆有所成，世人欣慕其人，故折巾一角，以爲「林宗巾」，一時風行，豈是偶然？許氏兄弟好人倫，多所賞識，同卷〈許劭傳〉云：

> 劭與靖俱有高名，好共覈論鄉黨人物，每月輒更其品題，故汝南俗有「月旦評」焉。形成汝南一地著名之習俗。

然而任何制度行之久遠，亦每造成浮濫，鄉閭清議立意雖佳，日久則易致相互標榜，形成朋黨。蓋一般士人企圖於政治上取得地位，必得依附主持清議之名士，而名士領袖爲擴充己方勢力，亦得藉臧否人物之便，廣爲交遊，若上述許劭即爲汝南大族，族中位至三公者多人，勢力雄厚，是爲明證。

清議固然以臧否人物、鑑眞人倫爲主，然朋黨逐漸形成，各派別互相譏揣，漸成尤隙，加以鄉謠、郡謠之流行〔註 1〕，旋即演變爲國謠，《後漢書》

〔註 1〕《後漢書》卷六十七〈黨錮列傳〉云：「初，桓帝爲蠡吾侯，受學於甘陵周福，

卷六七〈黨錮列傳〉云：

因此流言轉入太學，諸生三萬餘人，郭林宗、賈偉節爲其冠，並與李膺、陳蕃、王暢更相褒重。學中語曰：「天下楷模李元禮，不畏強禦陳仲舉，天下俊秀王叔茂。」

於是地方名士與朝廷大臣、太學生聯合，批評東漢宦官干政之貪污黑暗，形成一股強勁之輿論勢力。同卷又云：

逮桓靈之閒，主荒政繆，國命委於閹寺，士子羞與爲伍，故匹夫抗憤、處士橫議，遂乃激揚名聲，互相題拂，品覈公卿，裁量執政，婞直之風，於斯行矣。

在野黨人危言深論，不隱豪強，激怒干政宦官，於是宦官先發制人，誣告知識分子結黨造反，而發生自桓帝延熹九年至靈帝建寧二年兩次黨禍，〈黨錮列傳〉云：

初，成以方伎交通宦官，帝亦頗諵其占。成弟子牢脩因上書誣告膺等養太學遊士，交結諸郡生徒，更相驅馳，共爲部黨，誹訕朝廷，疑亂風俗。於是天子震怒，班下郡國，逮捕黨人，布告天下，使同忿疾，遂收執膺等。其辭所連及陳寔之徒二百餘人，或有逃遁不獲，皆懸金購募，使者四出，相望於道。

此後海內塗炭，二十餘年，其所蔓衍者，皆天下之善士，優秀士人及清廉官吏遭到屠殺，於是，黨論漸息，批判性之清議，遂轉入避免危言覈論之清談矣。

考「清議」一辭，首見於《三國志・張溫傳》：

（暨）豔性狷厲，好爲清議。見時郎署混濁淆雜，多非其人，欲臧否區別，賢愚異貫。

「議」字頗帶批判口吻，知人物品評至於末期，難免龍蛇混雜，流於浮華，清議欲「臧否區別，賢愚異貫」，顯然已見其流弊。用於政治批評方面，雖未「清議」二字連言，然史書屢言「黨議」、「黨人之議」，議字用法當爲相同；所以言「清」者，蓋朝廷所目之黨人，皆時之清流也。

及即帝位，擢福爲尚書。時同郡河南尹房植有名當朝，鄉人爲之謠曰：『天下規矩房伯武，因師獲印周仲進。』二家賓客，互相譏揣，遂各樹朋徒，漸成尤隙，由是甘陵有南北部，黨人之議，自此始矣。後汝南太守宗資任功曹范滂，南陽太守成瑨亦委功曹岑晊，二郡又爲謠曰：『汝南太守范孟博，南陽宗資主畫諾。南陽太守岑公孝，弘農成瑨但坐嘯。』」

清議之形成，與結黨有密切之關係，故消滅朋黨之黨錮橫禍，同時亦撲殺清議。首先觸覺此種暴戾之氣者，乃郭林宗，《後漢書》稱其：

> 雖善人倫，而不爲危言覈論，故宦官擅政而不能傷也。(卷六十八〈郭泰傳〉)

林宗明哲保身，覈論人物由具體變爲抽象之象徵〔註 2〕，不敢激言誹政，宦官不能傷之，始能避禍於亂世之中，又因其善談論，美音制，逐漸轉移清議之剛氣，化現實爲玄虛，開啓一代玄風，錢賓四先生於《國史大綱》中注言：

> 按史亦稱林宗善談論，美音制。既尚人物品藻，又學者羣集，不事編簡，則必因而尚談論。既尚談論，必牽連及於考究談吐之音節，又牽連而及於體貌之修飾。如李固，已見譏爲胡粉飾貌，搔頭弄姿，盤旋俯仰，從容冶步，爲後來曹植何晏輩之先聲。如是則譏評政俗之清議失敗後，極易轉而爲玄虛之清談。蓋一爲積極，一爲消極，其他全相似也。(頁 133)

呂師於《魏晉玄學析評》一書中亦云：

> 清議所議者，皆據於實；而清談所談者，皆向於虛。據實者，論是非得失，根於事功；向虛者，論是非得失，根於名理。品評月旦人物，亦是如此。(頁 57)

今人雖有主張清談與清議無異者〔註 3〕，此乃名詞初起之時，相互交雜使用，無明顯分別，且所見之資料，內容並不完全，無法作明確判別。《三國志・魏志》卷一〈武帝紀〉注引張璠《漢紀》鄭泰說董卓云：

> 孔公緒能清談高論，噓枯吹生。

同書卷七〈臧洪傳〉注引《九州春秋論青州刺史焦和》云：

> 入則見其清談干雲，出則渾亂，命不可知。

以上兩條似爲最早提出清談一辭之記載，內容雖不可知，然其辭意頗具玄味，故錢賓四先生言其開啓三國以下人物之風流也。知「清談」一辭出現初期，雖未與玄學扯上關係，然「談」「議」二字，於詞義上本有程度之不同，「清談」一辭之出現，未嘗不可謂爲清議風氣轉變之先聲也。

〔註 2〕《後漢書》卷六十八〈郭泰傳〉注引《謝承書》:「初，太始至南州，過袁奉高，不宿而去；從叔度，累日不去。或以問太。太曰:『奉高之器，譬之(泛)〔氿〕濫，雖清而易挹。叔度之器，汪汪若千頃之陂，澄之不清，擾之不濁，不可量也。』已而果然，太以是名聞天下。」

〔註 3〕詳見唐長孺《魏晉南北朝史論叢》中〈清談與清議〉一文。

第二節　清談思想之分期

清談風氣形成於漢末，至魏晉則勢如狂飆，襲捲整個學術界，而蔚爲一代風尚。然學術思潮亦如政治、人事相似，此起彼落，興衰相替，後人依其起落，區別其中思想之變遷，如此，則魏晉之清談，可概分爲五期，即：魏初、正始、魏末晉初、西晉、東晉等階段，茲分述如下：

一、魏初——名實問題之探討

漢末人物品評風氣流傳至魏晉，可謂全盛，此一時代非但品評活動持續不墜，且有許多專門性、學術性探討人物名實問題之著作出現，若《士操》、《人物志》、《刑聲論》、《士緯新書》、《姚氏新書》、《九州人物論》、《通古人論》等列於《隋志》名家者，皆不出識鑒人物範圍。世人視魏晉清談之分期，大抵多主正始、元康、永嘉、東晉四階段，惟湯錫予先生隻眼獨具，以爲魏初學術思潮與正始不同，實當另闢爲一期，以顯現此期學術之特點。其於〈讀人物志〉一文中曰：

> 依史觀之，有正始名士（《老》學較盛），元康名士（《莊》學最盛），東晉名士（佛學較盛）之別。而正始如以王何爲代表，則魏初之名士，固亦與正始有異也。魏初，一方承東都之習尚，而好正名分，評人物。一方因魏帝之好法術，注重典制，精刑律。蓋均以綜核名實爲歸。名士所究心者爲政治人倫。著書關於朝廷社會之實事，或尚論往昔之政事人物，以爲今日之龜鑒，其中不無原理。然純粹高談性理，及抽象原理者，絕不可見。（《魏晉玄學論稿》）

此乃魏世初期學風。此時名家以檢定形名爲宗，再推之於制度人事。具體表現於政治上者，爲陳羣九品中正制度之創立。蓋爲求徵覈漢末流移之衣冠士族，與改進漢末選舉之流弊、統一漢末之清議，九品中正制度應運而生。此制度之產生，可謂將私人之月旦評變作官家之品第，中正官員由政府委任，人物品評因成公訂制度，於是魏晉時代評鑒風氣，成爲一種公開、合法之活動，綿延不絕，爲有別於狹義論辯之清談方式。

初期之中正品評，須具三種資料，即家世、狀、品，其中品美其性，狀顯其才〔註4〕，主要任務乃評定人物，以備政府用人根據，故只論情性之用，

〔註4〕唐長孺《九品中正制度試釋》中言：「品是根據狀決定的，但狀只考慮才德，

而非情性之本，求用則名實相覈之要求，爲當世所重視。《三國志・魏志》卷二十一〈傅嘏傳〉，嘏難劉卲考課法曰：

> 方今九州之民，爰及京城，未有六鄉之舉，其選才之職，專任吏部。案品狀則實才未必當（此指中正之品第），任薄伐（當作簿伐，即家世）則德行未爲敘，如此則殿最之課，未盡人才。

品狀只重道德，不免遺漏才能，家世只言高低，又難照顧德性，此時探討中正制度利弊者甚多，不出正名督實、量材授官之政論，知名實知識當爲名士所普遍具備也。

寫成論著之書，又以劉卲《人物志》爲代表作。此書爲漢代品鑒風氣之結果，其宗旨亦以名實爲歸。〈材能篇〉中論材與名曰：

> 或曰人材有能大而不能小，猶函牛之鼎不可以烹雞，愚以爲此非名也。……當言大小異宜，不當言能大不能小也。……人才各有所宜，非獨大小之謂也。

人才不當有小大之分，而當求適其任而發揮，則小大皆有所用。又如〈效難篇〉中，說明名實之關係曰：

> 夫名非實用之不效，故曰名由口進而實從事退。中情之人名不副實，用之有效，故名由眾退，而實從事章，此草創之常失也。

劉卲爲著名之形名家，所著《有法論》、《新律》、《律略論》等，皆深察名實之作也。

因時代、政治及學術潮流等因素，魏初名士皆好正名分、評人物，究心於政治人倫，然此風氣發展愈盛，則愈向理論鑽研，加上受老子學說影響，此種落實於現實之具體人事，便逐漸轉變成抽象玄理之追求。《人物論》已本道家之言，探討才性問題，至《才性四本》之論，其言及本體（性）與功用（才），已涉虛遠，至此，則早已進入正始時代之玄風矣。

二、正始——才性玄理之論辯

正始時代，創造魏晉清談之最高峰，此時名士論難方式相當風行，才性論方興未艾，言意之辯勾起玄學探究風氣。而何晏王弼帶領一代名士進入儒道本體境界之討論，正式拉開玄談序幕。當此之時，一切名理正是起步階段，

品卻須參考家世資歷，因此，二者可能不一致。」唐氏以爲品爲品第，分爲九等，與湯錫予先生所言似有差異。

才能之士皆可有所創造，一展才華，故論壇活動相當熱絡。此時之清談，著重於「談中之理」，析理論辯之精妙，後人難出其右，成爲正始領導玄風之特色。

正始之音可分爲二部，一爲「才性論辯」，一爲「玄學名理」。

（一）才性論辯

正始年間，正值曹氏與司馬氏暗中較勁之時，才性四本之主張，實含有政治意味。陳寅恪先生言：

> 當魏末西晉時代即清談之前期，其清談乃當日政治上實際問題，與其時士大夫之出處進退至有關係，蓋藉此以表示本人態度及辯護自身立場者，非若東晉一期即清談後期，清談只爲口中或紙上之玄言，已失去政治上之實際性質，僅作名士身份之裝飾品者也。(《論陶淵明之思想與清談之關係》)

又於「〈書世說新語文學類鍾會撰四本論始畢條後〉」一文中言四本離合實由於政爭而起，即論合同者皆黨於司馬氏父子，論離異者，皆忠於曹氏，今考諸史籍，可得實例。

《才性論》之本今雖不存，然據《世說新語・文學篇》第五條注，以傅嘏、鍾會、李豐、王廣爲主〔註5〕；傅嘏主才性同，其論乃以本質爲性，性之現於外者爲才，是才同於性，二者皆屬於人之本質。鍾會主才性合，以內之性，濟外之才，內外相濟，體用相合，內有德者外有才，外有才者內有德。此二論理論相近，政治立場亦同。《三國志・魏志》卷二十一〈傅嘏傳〉曰：

> 嘏常論才性同異，鍾會集而論之。

其注又引《傅子》曰：

> 嘏既達治好正，而有清理識要，好論才性，原本精微，尠能及之。
>
> 司隸校尉年甚少，嘏以明智交會。

此派既同於司馬氏，故對於親曹之稽康，似存忌憚，《世說新語・文學篇》記載：

> 鍾會撰《四本論》始畢，甚欲使嵇公一見，置懷中；既詣，畏其難，懷不敢出，於戶外遙擲，便面急走。(第五條)

〔註5〕〈魏志〉曰：會論才性同異傳於世。《四本》者：言才性同，才性異，才性合，才性離也。尚書傅嘏論同，中書令李豐論異，侍郎鍾會論合，屯騎校尉王廣論離。文多不載。

〈簡傲篇〉又載鍾會訪康，康箕踞而鍛，以此構嫌事〔註6〕，康《聲無哀樂》、《養生》、《明膽》、《宅無吉凶諸論》，頗言及才性離異之主張〔註 7〕，知政治立場之不同，非但影響其交遊，且左右其學術思想之主張也。

至論離異者，李豐論異，以爲操性爲性，才能爲才，二者質各相異，故德不可謂爲才，才不可謂爲德。王廣論離，同樣主張才性殊途，其義不同。此二論別爲一派，政治上李豐依違於兩黨之間，終不免死於非命，〈傅嘏傳〉中引《傅子》曰：

> 初，李豐與嘏同州，少有顯名，早歷大官，內外稱之，嘏又不善也。謂同志曰：「豐飾僞而多疑，矜小失而昧於權利，若處庸庸者可也，自任機事，遭明者必死。」豐後爲中書令，與夏侯玄俱禍，卒如嘏言。

李豐成爲政爭下之犧牲者，王廣雖不黨於曹氏，亦不附於司馬氏，以依違兩不可之態度，以求「勿爲禍先」，然終因其父王凌欲立楚王彪以興魏，亦受牽連而慘遭橫禍矣。〔註8〕

《才性四本》今已不傳，然《世說新語》中記載魏晉人談辯之實況，甚爲精采。若：

> 殷中軍雖思慮通長，然於《才性》偏精，忽言及《四本》，便若湯池鐵城，無可攻之勢。(《文學》第三十四條)。

> 支道林、殷淵源俱在相王許。相王謂二人：「可試一交言；而《才性》殆是淵源崤函之固，君其愼焉！」支初作，改轍遠之！數四交，不覺入其玄中。相王撫肩笑曰：「此自是其勝場，安可爭鋒！」(〈文學篇〉第五十一條)

> 殷仲堪精覈玄論，人謂莫不研究。殷乃歎曰：「使我解《四本》，談不翅爾。」(第六十條)。

時至東晉，能推《四本》之說者，似以殷浩爲長，知者已廖廖可數矣。〔註9〕

〔註 6〕《世說新語・簡傲篇》第三條：「鍾士季精有才理，先不識嵇康；鍾要于時賢儁之士，俱往尋康；康方大樹下鍛，向子期爲左鼓排。康揚槌不輟，傍若無人，移時不發一言。鍾起去，康曰：「何所聞而來？何所見而去？」鍾曰：「聞所聞而來，見所見而去。」

〔註 7〕例《嵇康集・聲無哀樂論》云：「聲之與心，殊途異軌，不相經緯。」〈明膽論〉云：「明膽異氣，不能相生」等語。

〔註 8〕詳見《三國志・魏志》卷二十八〈王凌傳〉。

〔註 9〕《晉書・阮裕傳》曾載阮裕亦精《四本》，云：「裕雖不博學，論難甚精，嘗

（二）玄學名理

《才性四本》之說，至東晉時代，能解者已稀，然而正始清談之另外一支：玄學名理，卻於魏晉論壇掀起巨浪，震撼整個清談界。此派由何晏、王弼爲首領，帶領當代名士進入「天人之際」之討論熱潮中，內容包括天道本體、有無體用與其本末，及聖人人格等問題，皆是極具玄遠意味之課題，這個時期以《老》學爲盛，而參之以《周易》，其最要討論之焦點，集中於儒道之溝通上。

老子《道德經》乃此時清談最重要之經典，何晏、王弼皆爲《老子》作《注》，相傳：

> 何晏注《老子》未畢，見王弼，自說注《老子》旨。何意多所短，不復得作聲，但應之。遂不復注，因作道德論。（《世說新語・文學篇》第十條）

何晏王弼均注《老子》，而王弼之注尤有特識，致使何晏退而讓賢。觀何王之學，以無爲本，反本爲用，是其宗旨，《晉書》卷四十三〈王衍傳〉言：

> 魏正始中，何晏、王弼等祖述《老莊》，立論以爲：「天地萬物皆以無爲本。無也者，開物成務，無往不存者也。陰陽恃以化生，萬物恃以成形，賢者恃以成德，不肖恃以免身。故無之爲用，無爵而貴矣。」

「無」爲萬物之本，亦可謂爲何王思想之本，何晏有《道論》、《無名論》〔註10〕以闡揚之，王弼注《老子》更充分發揮，《老子四十二章注》曰：

> 萬物萬形，其歸一也，何由致一，由於無也。

王弼以此「無」、此「一」融入《周易》本體論中，《周易略例》第十〈明象〉曰：

> 夫眾不能治眾，治眾者，至寡者也。夫動不能制動，制天下之動者，貞夫一者也。故眾之所以得咸存者，主必致一也，動之所以得咸運者，原必無二也。

其注《論語》，亦常以道合儒，如《論語・述而篇》「志于道」下注云：

> 道者，無之稱也，無不通也。況之曰道，寂然無體，不可爲象。是

問謝萬云：『未見《四本論》，試爲言之。』萬敍既畢，裕以傅嘏爲長，於是構辭數百言，精義入微，聞者皆嗟味之。」至今所見，唯袁準一家，詳見〈類聚〉二十一引袁準《才性論》。

〔註10〕何晏《道論》見《列子》〈天瑞篇〉張湛注，《無名論》見〈仲尼篇〉張湛注。

道不可爲體，故但念慕之而已。（邢昺《論語正義引》）

通過「無」之主導，道家之《老子》與儒家之《周易》、《論語》，能夠合而爲一；王弼尚有《大衍義》之說，惜今不傳，唯《周易繫辭傳》上「大衍之數五十，其用四十有九」文下，韓康伯注引王弼言曰：

王弼曰：「演天地之數，所賴者五十也。其用四十有九，則其一不用也，不用而用以之通，非數而數以之成，斯易之太極也。四十有九，數之極也。夫無不可以無明，必因於有，故常於有物之極，而必明其所由之宗也。」

王弼以「一」爲體、爲無，而以「四十有九」爲用、爲有，同樣達於「以無爲本，反本爲用」之理也。

思想上，何王以「無」溝通儒道，在聖人人格上，何王亦有意將老子置諸孔子之傍，使與「聖人」（專指孔子而言）並肩。前引《世說新語・文學篇》第十條注中，劉孝標採《文章敘錄》曰：

自儒者論以老子非聖人，絕禮棄學。晏說與聖人同，著論行於世也。

何晏以老子與聖人同，王弼亦有相似之主張。《三國志・魏志・鍾會傳》注引何劭《王弼傳》曰：

裴徽爲吏部郎，弼未弱冠，往造焉。徽一見而異之。問弼曰：「夫無者誠萬物之所資也。然聖人莫肯至言，老子申之無已者何？」弼曰：「聖人體無，無又不可以訓，故不說也。老子是有者也，故恒言無所不足。」（又見《世說新語・文學篇》第八條）

王弼拉孔子至道家之中，表面上仍以孔子爲聖人之理想人格，實際上卻提升道家老子之地位，故湯錫予先生云：

聖人體無，老子是有，顯於其人格上所有軒輊。而聖人所說在於訓俗，《老》書所談，乃萬物所資。則陽尊儒聖，而實陰崇道術也。（《王弼之周易論語新義》）

魏晉清談，自太和年間傅嘏與荀粲之談座，可謂正式分爲才性與玄理二派之始，何劭《荀粲傳》云：

太和初，到京邑與傅嘏談，嘏善名理而粲尚玄遠，宗致雖同，倉卒時或有格而不相得意。悲徽通彼我之懷，爲二家騎驛，頃之，粲與嘏善。夏侯玄亦親。〔註11〕

〔註11〕見《三國志・魏志》卷十《荀彧傳》注引何劭《荀粲傳》。又見《世說新語・

太和至正始短短數年間，二派各自發展，《才性四本》之精確析理，辭喻不相負，成爲後人仰慕之「正始之音」，然而時至東晉，知者已廖若晨星。至於玄學思想，則以《老子》「無」之本體論，貫通有無、儒道，開中國少有形上哲學探討之風。此期清談以「談中之理」爲先，能打破傳統舊觀念，自由表達個人之見解，以懷疑之精神與論辯風氣，帶來學術思想之新活力，范寧言王弼何晏之罪，深於桀紂〔註12〕，非爲平心之論。章炳麟《五朝學》言：

> 五朝所以不競，由任世貴，又以言貌舉人，不在玄學。(《太炎文錄》卷一)

能認清當時之政治環境，與社會風氣，而不完全歸究於玄學清談，實爲公允也。

三、魏末晉初——莊學自然之追求

魏末晉初之時，清談人物以竹林七賢爲代表，而七賢中又以阮籍、嵇康爲首。嵇阮之學與何晏王弼頗異其趣。蓋王弼解《周易》，何晏注《論語》，仍循儒家軌迹，而融以道家思想，形式上依舊奉孔子爲最高理想人格，並未加以詆毀；阮籍嵇康則言語菲薄經籍，著論直談《莊》《老》，排斥傳統儒家之禮教，此其異一也。學術上，王弼何晏喜援《老子》，而少言莊周，阮嵇則《莊》《老》並稱，對於莊周尤所尊尚，此其異二也。造成此種轉變之原因，則當首推政治之迫害與爭鬥也。

正始年間，曹氏、司馬氏政爭雖然劇烈，然此時何晏身爲朝廷之吏部尚書，掌用人之大權，並深得曹爽信任，能以自身之位望，倡清談於一時，《世說新語・文學篇》第六條云：

> 何晏爲吏部尚書，有位望，……

注引《文章敘錄》曰：

> 晏能清言，而當時權勢，天下談士，多宗尚之。

此時朝野皆歸之，其政途、清談地位均甚得意，故雖言合儒道，思想卻溫和而不激進。然至正始末年，政爭轉劇，司馬氏勢力頗佔上風，正始十年，曹爽、何晏、鄧颺皆以謀不軌被殺，並夷三族。嘉平三年，司馬懿又以王凌謀立楚王彪，逼凌自殺，彪賜死。嘉平六年，司馬師以李豐、張緝等謀以夏侯

文學篇》第九條。

〔註12〕詳見《晉書》卷七十五《范汪子寧傳》。

玄輔政，而俱被殺，夷三族，廢帝芳為齊王，立髦為帝。正元二年，毌丘儉、文欽起兵討司馬師，被殺。甘露五年，司馬昭弒帝，廢為高貴鄉公，立奐，改元景元，司馬氏於政爭上終獲勝利。然而永無止盡之奪權與殺戮，使得當時曹氏舊人，人人自危，阮籍以「至慎」，得以免禍，據《晉書》載：

> 籍本有濟世志，屬魏晉之際，天下多故，名士少有全者，籍由是不與世事，遂酣飲以為常。(《晉書》卷四十九〈阮籍傳〉)

《世說新語・德行篇》言：

> 晉文王稱阮嗣宗至慎，每與之言，言皆玄遠，未嘗臧否人物。(第十五條)

藉玄遠之言以逃避現實政治之勾心鬥角，故阮籍得入晉世。嵇康則以慷慨傲世，終刑於東市，雖有太學生三千人為之請命，仍然慘受誅殺〔註13〕。在這種政爭迭替、朝不保夕之環境下，產生消極、悲觀，甚至逃避、墮落之思想，乃自然之事。觀阮籍終日藉酒麻醉、避禍，以睥睨態度抗拒禮法，激烈而又無奈；嵇康日夜鍛鐵養生，採藥服食，以養生保命作為拒世避俗之方式，其心底之悲哀與激憤，自是不可言喻。

此期思想則《莊》說壓過《老》學。其放誕之風益著，而個人主義日彰。已由正始期談論宇宙萬物、本體有無之爭，轉而為效慕《莊子》之崇尚自然。阮籍著有《達莊論》、《大人先生傳》，為論《莊》之重要著作。嵇康有《釋私論》、《養生論》、《答難養生論》、《聲無哀樂論》、《難宅無吉凶攝生論》、《答釋難宅無吉凶攝生論》、《難自然好學論》、《管蔡論》、《明膽論》等等，其中《聲無哀樂》及《養生論》更為過江後清談家主要之論題，《世說新語・文學篇》第二十一條云：

> 舊云王丞相過江左，止道《聲無哀樂》、《養生》、《言盡意》三理而已。然宛轉關生，無所不入。

嵇阮二人要皆不是清談座上重要人物，其論說卻於死後漸受重視。大抵而言，此期思想特質，並非在於知識上立意之成就，而在於其價值之肯定。嵇阮探尋前人走過途徑，追求其處人處世所應遵循之方式，以超世絕俗為自然，其想像追求者，為奔於騰踔，不可羈制（錢賓四先生語）〔註14〕。阮籍於《莊子》中找到隱遁自我之逍遙之境界，以安適其對現實生活之不滿。如《大人先生傳》

〔註13〕見《世說新語》〈雅量篇〉第二條。

〔註14〕見錢穆著《莊老通辨》，記〈魏晉玄學三宗〉一文。

假《老莊》言論諷刺禮法之士，將之比喻爲裩中之虱，而表明其志存曰：

> 必超世而絕羣，遺俗而獨往，登乎太始之前，覽乎忽漠之初。慮周流於無外，志浩蕩而遂舒。細行不足以爲毀，聖賢不足以爲譽。

知莊子寓言中至人眞人之境界，實爲阮氏所企慕。嗣宗志氣橫軼，於莊周得其神情之縱放；至叔夜，則思路周至，於莊周得其文理之密察，此二人學術之所以異。

嵇康善於運用辯論方法，每能於對方之弱點中自立其說，而論辯邏輯之運用，是其留傳諸論之重要價値所在。例如矛盾律之使用，言：

> 既曰壽夭不可求，甚於貴賤，而復曰，善求壽強者，必先知災疾之所自來然後可防也。然則壽夭果可求耶？不可求也？（《難張遼叔宅無吉凶攝生論》）

排中律之運用，如：

> 按如所論，甚有則愚，甚無則誕。今使小有便得不愚耶？了無乃得離之也？若小有則不愚，吾未知小有其限所止也，若了無乃得離之，則甚無者無爲謂之誕也。

此外，嵇康於《聲無哀樂論》中，主張聲心二元論云：

> 心能辯理善譚，而不能令內籥調利，猶瞽者能善其曲度，而不能令器必清和也。器不假妙瞽而良，籥不因慧心而調。然則心之與聲，明爲二物。二物誠然，則求情者不留觀于形貌，揆心者不借聽於聲音也。察者欲因聲以知心，不亦外乎？

心聲既爲二物，則哀樂由心不由聲。嵇氏以此理作相互攻難，於《聲無哀樂論》中舉例甚多，此理於過江之後，更爲王導談辯之理據。　呂師言曰：

> 王丞相取此三論之理，以爲談辯之資，是據此以應萬辯，故曰：「宛轉關生，無所不入」也。非謂王丞相談此三論，蓋可以明矣。（《魏晉玄學析評》）

嵇康之人生觀同於阮氏之超世絕俗，追求「越名教而任自然」之理想，《釋私論》言：

> 夫稱君子者，心無措乎是非，而行不違乎道者也。何以言之？夫氣靜神虛者，心不存於矜尚；體亮心達者，情不繫於所欲。矜尚不存乎心，故能越名教而任自然，情不繫於所欲，故能審貴賤而通物情。物情順通，故大道無違；越名任心，故是非無措也。

與阮籍不同者，嵇康更重養生，阮氏藉酒自肆，其態度近於縱慾，而種種反抗禮法作風，引起名士競相仿效，造成日後虛誕狂放風氣；至嵇康以「少私寡欲」爲養生之根本，言：

> 君子知形恃神以立，神須形以存。悟生理之易失，知一過之害生。故修性以保神，安心以全身，愛憎不棲於情，憂喜不留于意。泊然無感，而體氣和平，又呼吸吐納，服食養身；使形神相親，表裏俱濟也。(《養生論》)

其作法是爲節慾，無愛憎憂喜則自然體氣和平，又導以服食養生，以道教神仙境界自期。於是又造成魏晉名士服藥行散之另一風潮。與阮氏異者，阮以己自肆於外，嵇則欲借外力養生於內，雖同達「自然」，途徑不同也。阮氏「〈達莊〉」，雖能全身，然內心抑鬱，所迸發於言行者，乃驚世駭俗之論，嵇康以性情之剛烈傲世，受譖遭戮。二人雖然學莊，然無法安心自適，對於《莊子》〈逍遙齊物〉之意境，可謂僅止於理論認知之了解，於生命歷程中境界之試圖超脫，亦止於摸索階段，尚未能眞正「越名教而任自然」，達到與天地萬物爲一之忘我與解脫也。

四、西晉——崇有思想之復甦

東漢過份重視名教，造成魏晉名士之反動，轉而崇尚自然與玄虛，此種風氣至竹林時代達到高潮，卻於嵇康遭到誅殺之後，逐漸冷却，再度正視名教問題之重要性。於是在《莊》學瀰漫之氣氛下，自然與名教再度結合。最足以代表此種思想者，乃向郭《莊子注》及裴頠之《崇有論》也。

《世說新語．言語篇》第十八條云：

> 嵇中散被誅，向子期舉郡計入洛；文王引進，問曰：「聞君有其箕山之志，何以在此？」對曰：「巢許狷介之士，不足多慕。」王大咨嗟。

向秀此言或出於恐懼，然其注引《向秀別傳》云秀弱冠，著《儒道論》，知秀之思想，本有儒道相合傾向，與嵇康異，故至東晉謝靈運作《辨宗論》(《廣弘明集》)，猶有「向子期以儒道爲壹」之語。向秀《莊注》今已佚，然其傾儒，亦可自《難養生論》一文中窺知，例文中強調動用心智之功益，從而反對閉默心智，云：

> 夫人受形於造化，與萬物並存，有生之最靈者也。異於草木不能避風雨、辭斧斤，殊於鳥獸不能遠網羅而避寒暑。有動以接物，有智

以自輔，此有心之益，有智之功也。若閉而默之，則與無智同，何貴於有智哉？

文中尚且引用孔子之語，肯定情欲生於自然，其滿足但求不違背「道」、「義」、「禮」之規定即可，不宜絕而棄之，云：

又曰：富與貴，是人之所欲也，但當求之以道，不苟非義。在上以不驕無患，持滿以損斂不溢。若此，何爲其傷德耶？

向秀肯定人類欲望之自然，言順應之而不拗折之，基本上與嵇康之「少私寡欲」，有絕大之不同，同時亦影響於郭象之莊注也。

郭象注《莊》，傳言其竊自向秀，此公案事實爲何？於此不論〔註15〕，然二人意旨大皆相同，則是肯定。向秀《難養生論》中既肯定情欲之自然，又不慕箕山之志，行事傾向於名教之認同，則思想亦自「無」入「有」，發揮於《莊子逍遙遊》注中，曰：

夫小大雖殊，而放於自得之場，則物任其性，事稱其能，各當其分，逍遙一也，豈容勝負於其間哉？

又《世說新語・文學篇》第三十二條，劉孝標注云：

向子期、郭子玄《逍遙義》曰：「夫大鵬之上九萬，尺鷃之起榆枋，小大雖差，各任其性，苟當其分，逍遙一也。然物之芸芸，同資有待，得其所待，然後逍遙耳。唯聖人與物冥而循大變，爲能無待而常通；豈獨自通而已？又從有待者不失其所待；不失，則同於大道矣。」

向郭承認小大雖殊，苟適其性，逍遙一也；而不失其所待，亦同於大道。其言「物任其性，事稱其能，各當其分」中之「性」、「能」、「分」，即同於「有待」，而落於「有」之局限也，是向郭之立意，頗受命定或才性之限制。此種思想與劉卲《人物志》之說相爲呼應。《人物志・材能篇》言：「人材各有所宜，非獨大小之謂也。」性分才能大小宜適問題，爲劉書所討論，本是清談初期具體名實問題之焦點，今則一變而爲抽象理論矣。故陳寅恪先生曰：

若持此義以觀《逍遙遊》郭象中之語，則知向郭之《逍遙義》，雖不與劉氏《人物》才性之說相合，然其措意遣詞，實於孔子所言頗多近同之處。故疑向子期之解《逍遙遊》，不能不受當時《人物》才性論之影響。

然而命定有好壞，才性有高低，欲達到適性而逍遙，其方法又爲何？向郭教

〔註15〕詳見蘇新鋈著《郭象莊學平議》第一章。

人必去除羨欲，其注「上古有大椿者，以八千歲爲春，八千歲爲秋」云：

> 夫物未嘗以大欲小，而必以小羨大，故舉大小之殊各有定分，非羨欲所及，則羨欲之累可以絕矣。夫悲生於累，累絕則悲去，悲去而性命不安者，未之有也。

去羨欲則能應物而無累於物，於是：

> 苟足於其性，則雖大鵬無以自貴於小鳥，小鳥無羨於天池，而榮願有餘矣。故小大雖殊，逍遙一也。(《逍遙遊》「奚以之九萬里而南爲？」下注)

物物各安其所受之性，大者安其大，小者安其小，如此，則道家向上超越之自覺精神，漸轉而爲安於現實逆境之妥協態度矣。陳寅恪先生頗疑此種思想之產生，乃向郭諸人對於政治立場變節所作之辯護也。蓋此時清談盟主乃王衍、樂廣諸人，皆新朝顯貴，樂廣以爲「名教中自有樂地」，非笑自然放達之人；至山濤者，更勸嵇康子紹出仕司馬氏。《世說新語・政事篇》第八條云：

> 嵇康被誅後，山公舉康子紹爲秘書丞，紹諮公出處。公曰：「爲君思之久矣！天地四時，猶有消息，而況人乎？」

自然既有變易，則人亦宜仿其變易，出仕司馬氏，以成其名教之分義，改節易操，出仕父讎，無怪乎顧亭林所痛恨而深鄙也〔註 16〕。

司馬黨羽既倡名教、求適性，向郭亦不能脫離此種政治環境，如此，秀言「巢許狷介之士，不足多慕」，自可不須訝異。唐長孺先生言向郭《莊注》，乃發揮門閥制度統治下適時之政治哲學〔註 17〕，觀《莊注》曰：

> 夫聖人雖在廟堂之上，然其心無異於山林之中，世豈識之哉？徒見其戴黃屋、佩玉璽，便謂足以纓紱其心矣；見其歷山川、同民事，便謂足以憔悴其神矣，豈知至至者之不虧哉！

當爲以名教配合自然之證，而向郭《逍遙義》之所以驚豔於世，正由於其注釋出當日清談名士之眞正心態也。是以陳寅恪先生曰：

> 至若山王輩其早歲本崇尚自然，棲隱不仕，後忽變節，立人之朝，躋位宰執，其內慚與否雖非所知，而此等才智之士勢必不能不利用一已有之舊說或發明一種新說以辯護其宗旨反覆出處變易之弱

〔註 16〕顧炎武《日知錄》言其「敗義傷教，至於率天下而無父者也。」詳見卷十三〈正始〉條。

〔註 17〕詳見唐長孺著《魏晉南北朝史論叢書》中，〈魏晉玄學之形成及其發展〉一文。

點……故自然與名教相同之説所以成爲清談之核心者，原有其政治上實際適用之功用……（《陶淵明之思想與清談之關係》）

同一時期中，裴頠亦著有《崇有論》，以謀重建儒家社會禮法之名教價値。《晉書》卷三十五〈本傳〉云：

頠深患時俗放蕩，不尊儒術，何晏阮籍素有高名於世，口談虛浮，不尊禮法，尸祿耽寵，仕不事事；至王衍之徒，聲譽太盛，位高勢重，不以物務自嬰。遂相仿效，風教陵遲，乃著《崇有》之論以釋其蔽。

其論點正針對「無」與「無爲」之思想，而發揮「有」與「有爲」之理論。《崇有論》曰：

悠悠之徒……察夫偏質有弊，而覩簡損之善，遂闡貴無之議，而建賤有之論。賤有則必外形，外形則必遺制，遺制則必忽防，忽防則必忘禮。禮制弗存，則無以爲政矣。

貴無者必賤有，賤有則禮制弗存，以至於「悖吉凶之禮，而忽容止之表，瀆棄長幼之序，混貴賤之級。其甚者至於裸裎，言笑忘宜，以不惜爲弘，士行又虧矣」（《崇有論》）。裴頠以爲老子之所以以無爲辭，其旨乃在全有，並非徒言虛無而已，故闡述「有」之理論曰：

夫至無者無以能生，故始生者自生也。自生而必體有，則有遺而生虧矣。生以有爲已分，則虛無是有之所謂遺者也。故養既化之有，非無用之所能全也；理既有之累，非無僞之所能循也。……由此而觀，濟有者皆有也，虛無奚益於已有之羣生哉？（同上）

其體認之「有」與「無」相對立，言自然爲萬有之綜合，此與王弼主張無爲本，有爲末，以無爲一超然獨立之形上本體義不同。裴氏之「有」包括名教，名教不僅本之於自然，而且本身即是自然，如此則將二者融而爲一，而與向郭《莊子注》中言逍遙適性者通矣。

郭象、裴頠諸人，於東晉談座上乃相當活躍之人物，裴頠爲當時言談之林藪，其說雖與王衍、樂廣等人不同，然而頗受敬重，《世說新語・文學篇》第十一條云：

中朝時，有懷道之流，有詣王夷甫諮疑者。值王昨已語多，小極，不復相酬答；乃謂客曰：「身今少惡，裴逸民亦近在此，君可往問」。

第十二條云：

> 裴成公作《崇有論》，時人攻難之，莫能折；唯王夷甫來，如小屈。時人即以王理難裴，理還復申。

王衍爲當時談宗，雖無深厚之學力，然其談論技巧，則無人能及，裴頠之論唯王夷甫能小屈之，知其人於論壇必有舉足輕重之地位。郭象時人以爲王弼之亞，《世說・文學篇》曾載其與裴遐談論之盛況，曰：

> 裴散騎娶王太尉女，婚後三日，諸婿大會，當時名士，王、裴子弟悉集。郭子玄在坐，挑與裴談。子玄才甚豐贍，始數交，未快。郭陳張甚盛。裴徐理前語，理致甚微，四坐咨嗟稱快。王亦以爲奇。謂諸人曰：「君輩勿爲爾，將受困寡人女婿。」（第十九條）

是則嵇康、阮籍、向子期諸人雖善《莊子》，然眞正帶領《莊》學進入談座者，郭象功不可沒。此二人思想皆傾於崇有，合自然與名教爲一，誠爲嵇阮之後，清談思想轉變之代表也。

五、東晉——格義佛學之相融

清談思想發展至西晉末期，內容已漸枯竭，玄論了無新義，惟於辭采音律上爭勝；王導過江三論「宛轉關生，無所不入」，只能拿舊義以爲演說；與殷中軍談，能辭喻不相負，卻未知理源所歸；支道林、許掾講經，眾人但共嗟詠二家之美，而不辯其理之所在。清言至此種「辭勝於理」之階段，發展已由顚峰漸走下坡，若無新理加入以作刺激，則清談活動勢將流於形式而滅亡。此時適逢僧伽、佛理走入談座，爲逐趨衰落之清辯，注入一些新血，始延續其壽命。本期清談家，大皆受有佛學之薰陶，或專談佛理，或以佛釋老莊，或以老莊解佛，人才濟濟，可謂爲清談之中興期。

佛學之興盛，與大量翻譯經書、使普遍化，而脫離漢代附庸於道術之印象有關，然而更重要者，格義方法之運用，使原精《老》《莊》之士，易於吸收佛義，而大暢於談座，更具推波助瀾之效。格義創於竺法雅，《高僧傳》卷四〈晉高邑竺法雅傳〉云：

> 竺法雅，河間人，凝正有器度，少善外學，長通佛義，衣冠仕子咸附諮稟。時依雅門徒，並世典有功，未善佛理。雅乃與康法朗等，以經中事數擬配外書，爲生解之例，謂之「格義」。

「經中事數」，據《世說新語・文學篇》第五十九條：

> 殷中軍被廢，徙東陽，大讀佛經，皆精解；唯至「事數」處不解。

遇一道人，問所籤，便釋然。

其注曰：

事數：謂若五陰、十二入、四諦、十二因緣、五根、五力、七覺之屬。

竺法雅以「經中事數擬配外書，爲生解之例」，蓋以中國思想比擬配合，爲宣傳佛理之方便法門。其立意與釋慧遠講實相義，遠引《莊子》義爲連類，使惑者曉然〔註 18〕者同矣。觀是時釋家之般若性空，常以「本無」字總之，即襲取玄學之辭。例支遁著有《釋即色本無義》，固自以爲屬本無宗；慧達《肇論疏》云：

盧山遠法師《本無義》云，因緣之所有者，本無之所無。本無之所無者，謂之本無。本無與法性同實而異名也。

言本無與法性同實異名，知魏晉以來，本無性空之說，持之者多，惟各出異義，致散而爲所謂之「六家七宗」〔註 19〕，魏晉清談崇尚虛無，理旨與佛家思想頗爲相似，釋氏借以名之，般若乃因而光大。釋道安《鼻奈耶序》云：

以斯邦人《老莊》教行，與《方經》兼忘相似，故因風易行也。

可謂得其眞象。

除義理之依附外，僧侶之清辯若流，辭製華密，不僅風采灑落，能臨機釋滯，且外典佛經，遞互講說，亦是佛理跨入談座之要件。《世說新語．文學篇》四十條云：

支道林、許掾諸人，共在會稽王齋頭。支爲法師，許爲都講。支通一義，四坐莫不厭心；許送一難，眾人莫不抃舞。但共嗟詠二家之美，不辯其理之所在。

第四十七條云：

康僧淵初過江，未有知者，恒周旋市肆，乞索以自營。忽往殷淵源

〔註 18〕《高僧傳》卷六〈慧遠傳〉云：「年二十四便就講說，嘗有客聽講，難實相義，往復移時，彌增疑昧。遠乃引《莊子》義爲連類，於是惑者曉然，是後安公特聽慧遠不廢俗書。」

〔註 19〕湯錫予《漢魏兩晉南北朝教史》第九章中云：「本無一義，既幾爲般若各家所通用，但曇濟之《六家七宗論》中，所謂本無宗者，自不必其包舉各家。」按梁寶唱《續法論》，言宋莊嚴寺釋曇濟作《六家七宗論》，湯氏考察其名目與人物，曾成一表，而言曰：「六家七宗，蓋均中國人士對於性空本無之解釋也。道安以靜寂說眞際。法深法汰偏於虛豁之談。其次四宗之分馳，悉在辨別心色之空無。」

許，值盛有賓客；殷使坐，粗與寒溫，遂及義理。語言辭旨，曾無愧色；領略粗舉，一往參詣。由是知之。

第五十七條云：

僧意在瓦官寺中，王苟子來，與共語，便使其唱理，便謂王曰：「聖人有情不？」王曰：「無。」重問曰：「聖人如柱邪？」王曰：「如籌算；雖無情，運之者有情。」僧意云：「誰運聖人邪？」苟子不得答而去。

東晉高僧以其弘深涵養、機智答辯，博得當時名士之尊敬，對於佛學之宣揚，有極大幫助。一時名士莫不以佛經《大品》、《小品》、《維摩詰》、《即色論》種種作爲談論研究之對象。是以湯錫予先生於《漢魏兩晉南北朝佛教史》中言：

竊思性空本無義之發達，蓋與當時玄學清談有關。實亦佛教之所以大盛之一重要原因也。蓋自漢代以本無譯眞如，其義原取之於道家。正始以後，世人尤崇尚道德虛無之論。……釋家性空之說，適有似於《老莊》之虛無。佛之涅槃寂滅，又可比於《老莊》之無爲。而覩乎本無之各家，如道安法汰法深等者，則尤兼善內外。……因此而六朝之初，佛教性空本無之說，憑藉《老莊》清談，吸引一代之文人名士。於是天下學術之大柄，蓋漸爲釋子所篡奪也。（第九章〈釋道安時代之般若學〉）

本時期談座中活躍人物，當推殷淵源及支道林，其人其事《世說新語》中記載甚多，茲不復舉。然支道林之《逍遙義釋》，自爲《莊》學史上大事，〈文學篇〉第三十二條云：

《莊子・逍遙篇》，舊是難處，諸名賢所可鑽味，而不能拔理於郭、向之外。支道林在白馬寺中，將馮太常共語，因及《逍遙》。支卓然標新理於二家之表，立異義於眾賢之外，皆是諸名賢尋味之所不得。後遂用支理。

劉孝標注曰：

支氏《逍遙論》曰：「夫逍遙者，明至人之心也。莊生建言大道，而寄指鵬鷃。鵬以營生之路曠，故失適於體外；鷃以在近而笑遠，有矜伐於心內。至人乘天正而高興，遊無窮於放浪；物物而不物於物，則遙然不我得，玄感不爲。不疾而速，則逍然靡不適，此所以爲逍遙也。若夫有欲當其所足；足於所足，快然有似天眞，猶飢者一飽，渴者一盈，豈忘蒸嘗於糗糧，絕觴爵於醪醴哉？苟非至足，豈所以逍遙乎？」此向、郭之注所未盡。

支遁《逍遙遊》新義爲佛教般若學格義，宗旨在於「至足」，至足者不受外物色相所困，言色不自色，色即是空。曇濟《六家七宗論》中，支道林主即色宗，言：

夫色之性也，不自有色；色不自有，雖色而空。故曰色即爲空，色復異空。（《世說新語・文學篇》第三十五注引《支道林集妙觀章》）

夫色本因緣假有，本性空無，故色即是空，支法師《即色義》至極乃以無爲體，忘玄無心，逍遙至足，無須有待。故反對向、郭適性、有待之逍遙，言飢者難忘蒸嘗於糗糧，渴者不絕觴爵於醪醴，又舉「桀跖以殘害爲性，若適性爲得者，彼亦逍遙矣」（《高僧傳》卷四〈支遁傳〉）作爲反駁之證據。雖論中言至人能「物物而不物於物，則遙然不我得，玄感不爲，不疾而速，則逍然靡不適」，同於向、郭之「與物冥而循大變，爲能無待而常通」，然其明至人之心，以至足爲逍遙，則一語而破向、郭之弊也。

佛學藉格義法門之引介而入談座，自此清談名士莫不熟習，名士名僧相交往來，論難鋒厲，抗辯精密，非但於義理上有所開發，且僧侶風流亦爲論壇憑添幾分光彩。晉孫綽《道賢論》以天竺七僧方竹林七賢，以法護匹山巨源、白法祖匹嵇康、法乘比王濬沖、竺道潛比劉伯倫、支遁方向子期、于法蘭比阮嗣宗、于道邃比阮咸，以內教之七道，擬配外學之七賢，實亦格義之支流也。

格義佛學藉清談而發軔，清談亦藉機補充貧乏之內容，然而研理愈精，則知佛理自有其源流曲折，與道家畢竟有異。格義產生「於理多違」（道安語）情形，此道安羅什之所以廢棄之也。佛學高僧之自覺，使佛離道而自立，另開闢一番新境界；而清談活動則日漸流於「爲談而談」之形式，虛談廢務，浮文妨要，義無新創而百病雜陳，終至於沒落也。

魏晉清談之主題爲玄理，而佛教研究有、無、靜、眞實、虛空等問題，二者頗有相通之處。晉代釋子治《老莊》以釋佛理，造成東晉佛學特有風格，釋道之融通，對於日後產生中國式佛教，若禪宗，其影響深且遠矣。

第三章　清談雋語之文學化

第一節　清談論辯之訓練

本文第二章第一節嘗言清談風氣之形成，乃源於漢末清議之評議時政與覈論人物，此是就其時代政治背景而言。然清議多指單向之論斷，如黨人針對宦官所作之批判，品家之於名士之評鑒等；若魏晉清談中，狹義論辯之雙向溝通，往返覈疏，其形式所產生，則當推源於漢世講經論難之方法也。

自西漢東方朔作《答客難》，以「一人辯論是非」之方式為主客答問體後，此種類型之文章大量應世。成、哀之際，揚雄作《解嘲》、《解難》，東漢班固《答賓戲》、崔駰《達旨》、張衡《應閒》、朱穆《絕交書》、崔寔《答譏》、蔡邕《釋誨》，酈炎《對事》、陳琳《應譏》等等（並見於嚴可均輯《全後漢文》），無疑為魏晉清談相互設難之形式給予啓發；然就實際型態而言，東漢經義之論難，以影響較之，不啻更為直接。《後漢書・章帝紀》：

> 建初四年，詔太常將大夫博士議郎郎官及諸生諸儒，會白虎觀，講議五經異同，使五官中郎將魏應承制問，侍中淳于恭奏，帝親稱制臨決，如孝宣甘露石渠故事，作《白虎奏議》。

《後漢書・儒林戴憑傳》記載：

> 正旦朝賀，百僚畢會，帝令羣臣能說經者更相難詰，義有不通，輒奪其席以益通者，憑遂重五十餘席。

漢代本有講經之法，加以東漢時代章句繁瑣，今古文家彼此攻詰，各派家法相衍而生。《儒林傳上》云：

……范升、陳元、鄭興、杜林、衛宏、劉昆、桓榮之等，繼踵而集。於是立五經博士，各以家法教授。(《後漢書》卷七十九上)

漢世大儒雖體一師之法，然弟子甚多，各展其個性，成一家之說，產生所謂之家法。家法雖嚴，卻不盡爲弟子所守，故〈徐防傳〉中曰：

防上疏云：伏見太學試博士弟子，皆以意說，不修家法，以遵師爲非義，意說爲得理。

此言頗可玩味，對於經義，皆以意說，則可生出種種大議論，以相辯詰，戴憑於帝前得以「遂重五十餘席」，可見經義討論之盛。同卷〈李育傳〉云：

四年，詔與諸儒論五經於白虎觀，育以《公羊》義難賈逵，往返皆有理證，最爲通儒。

卷六十六〈賈逵傳〉稱逵「論難百餘萬言」，當爲此種經義探討之紀錄。彼等自立宗義，往返論難，皆有理證，實開後世清談論辯之規模。

魏晉狹義之清談，以名理論辯爲主，其形式與問學態度，皆類於東漢經義之論難，惟內容一者出於三玄，一者侷於經義而已。然魏晉談風大盛，受士林名士歡迎，以此爲交遊、爭勝之場合，其精神則與漢世迴異。

清談以談「理」爲主，王戎言王祥之言，理致清遠，毋因其德行美善而掩其言〔註 1〕，已知此時能言名理已與德行等量齊觀，當世士族高門經常聚會，內容則以清談活動爲主，清談離不開語言，在此種風氣鼓動之下，語言技巧之琢磨，非但有適切之場所，且辯士脣舌往來，言辭犀利，激烈競爭中言談技巧長足進步，此一時期對於「言語」相當推崇，無論才藻奇麗或者言簡至約，凡語言雋妙者，莫不受到讚嘆。故唐君毅先生言：

魏晉人之談辯，可以有勝理屈理之分，亦可無勝負。可一人恆持某義，爲論主，亦可主客互易。……此又唯在言辯之際，說者不以辯求勝，而自欣賞此言辯之本身……〔註 2〕

能夠欣賞言辯之本身，則此時代對於言語之態度，早非止於「辭，達而已矣！」之觀點矣。

談座之上，一方自標新理，以爲談端，對方即就此理，尋隙攻難，論辯

〔註 1〕《世說新語・德行篇》第十九條云：「王戎云：『太保居在正始中，不在能言之流；及與之言，理致清遠，將無以德掩其言！』」

〔註 2〕見唐君毅先生講，麥仲貴先生筆記之〈中國思想中對「言」「默」態度之變遷〉一文。

之一來一往，稱作一番，而談論中，爲加強論點，多引古證今，以爲談證。如此往返論辯數番，得勝之方即爲勝理，若無法分別高下，則由第三者判別之。與會能言之士，上自帝王、宗室、貴戚、大臣，下至術士、佛徒，甚至婦孺，所在皆有，並無嚴格地位限制〔註 3〕；《世說新語》爲記載魏晉清談之書，書中著錄當世膾炙人口之清談故事者甚多，如〈文學篇〉第六條云：

> 何晏爲吏部尚書，有位望；時談客盈坐，王弼未弱冠，往見之。晏聞弼來，乃倒屣迎之；因條向者勝理語弼曰：「此理僕以爲理極，可得復難不？」弼便作難，一坐人便以爲屈。於是弼自爲客主數番，皆一坐所不及。

第五十三條云：

> 張憑舉孝廉出都，負其才氣，謂必參時彥；欲詣劉尹，鄉里及同舉者共笑之。張遂詣劉；劉洗濯料事，處之下坐，唯通寒暑，神意不接。張欲自發，無端；頃之，長史諸賢來清言，客主有不通處，張乃遙於末坐判之；言約旨遠，足暢彼我之懷。一坐皆驚。眞長延之上坐，清言彌日，因留宿至曉。

第五十五條：

> 支道林、許、謝盛德，共集王家。謝顧謂諸人：「今日可謂彥會，時既不可留，此集固亦難常；當共言詠，以寫其懷。」許便問主人有《莊子》不？正得〈漁父〉一篇。謝看題，便各使四座通。支道林先通，作七百許語；敍致精麗，才藻奇拔，眾咸稱善。於是四坐各言懷畢。謝問曰：「卿等盡不？」皆曰：「今日之言，少不自竭。」謝後粗難，因自敍其意，作萬餘語，才峯秀逸；既自難干，加意氣擬託，蕭然自得，四坐莫不厭心。支謂謝曰：「君一往奔詣，故復自佳耳。」

論〈漁父〉一篇，當場可作萬餘語，且才峯秀逸，自是語藝精湛。由於論辯之精采，往返之激烈，談座之上因而表情盎然，《世說新語》之記載，至爲鮮活傳神。例〈文學篇〉第二十八條：

> 謝鎮西少時，聞殷浩能清言，故往造之。殷未過有所通，爲謝標榜諸義，作數百語；既有佳致，兼辭條豐蔚，甚足以動心駭聽。謝注神傾意，不覺流汗交面。殷徐語左右：「取手巾與謝郎拭面。」

〔註 3〕詳見林麗眞先生〈魏晉清談名士之類型及談風之盛況〉一文。

謝尚因出乎意料之外，驚慚而汗流滿面，殷浩從容而略帶傲然之神情油然浮現。第三十一條：

> 孫安國往殷中軍許共論，往反精苦，客主無間。左右進食，冷而復煗者數四。彼我奮擲，麈尾悉脫落，滿餐飯中，賓主遂至暮忘食。殷乃語孫曰：「卿莫作強口馬，我當穿卿鼻！」孫曰：「卿不見決鼻牛，人當穿卿頰！」

談辯至難分難解，進食無暇，以致情緒惱怒，出言不遜，此條記載甚爲生動。此外，亦有淪爲意氣之爭，以折挫對方、爭名鬥勝爲耀者，若第三十八條：

> 許掾詢年少時，人以比王苟子，許大不平。時諸人士及林法師，並在會稽西寺講，王亦焉。許意甚忿，便往西寺與王論理，共決優劣；苦相折挫，王遂大屈。許復執王理，王執許理，更相覆疏，王復屈。許謂支法師曰：「弟子向語何似？」支從容曰：「君語，佳則佳矣，何至相苦邪！豈是求理中之談哉！」

「許復執王理，王執許理，更相覆疏」，則純粹炫耀口才，正反兩理，皆可憑一人之舌燦蓮花，同得優勢，此種作法，陷人於窘境，莫怪乎支法師不以爲然也。至支法師本人，亦嘗有所遭遇：

> 于法開始與支公爭名，後情漸歸支；意甚不分，遂遁跡剡下。遣弟子出都，語使過會稽。于時支公正講《小品》。開戒弟子：「道林講，比汝至，當在某品中。」因示語攻難數十番，云：「舊此中不可復通。」弟子如言詣支公。正值講，因謹述開意；往返多時，林公遂屈。厲聲曰：「君何足復受人寄載來！」（〈文學篇〉第四十五條）

事先演練，有備而來，凡此種種，皆可概見魏晉清談論辯風氣之盛矣。

夫論辯者，欲挫人於舌端，故除理須勝人之外，言辭亦爲重要之一環，魏晉清談著重「辭喻不相負」，即語言技巧之高度發展，而清談場合成爲語言訓練之最佳場所。《世說新語．言語篇》第七十九條：

> 謝胡兒語庾道季：「諸人暮當就卿談，可堅城壘。」庾曰：「若文度來，我以偏師待之；康伯來，濟河焚舟。」

〈文學篇〉第二十六條：

> 劉眞長與殷淵源談，劉理如小屈；殷曰：「惡！卿不欲作將，善雲梯仰攻。」

此乃以軍事作戰態度看視談辯。〈文學篇〉第三十六條，言支道林論《莊子逍遙遊》數千言，才藻新奇，花爛映發，王逸少因而披襟解帶，流連不能已，則見其情意之交融。王司州與殷中軍語，盛嘆：「己之府奧，蚤已傾寫而見；殷陳勢浩汗，眾源未可得測。」〔註4〕，明其妙辯玄致，時人難及。清談初期固以論理爲主，然音制辭采、品貌風流早已受人重視，流衍所及，辭勝與理勝同爲時人所認可，〈賞譽篇〉第七十六條：

> 謝太傅未冠，始出西，詣王長史，清言良久。去後，苟子問曰：「向客何如尊？」長史曰：「向客亹亹，爲來逼人。」

〈品藻篇〉四十八條：

> 劉尹至王長史許清言，時苟子年十三，倚牀邊聽；既去，問父曰：「劉尹何如尊？」長史曰：「韶音令辭，不如我；往輒破的，勝我。」

〈品藻篇〉六十七條：

> 郗嘉賓問謝太傅曰：「林公談何如嵇公？」謝云：「嵇公勤著脚，裁可得去耳。」又問：「殷何如支？」謝曰：「正爾有超拔，支乃過殷；然亹亹論辯，恐口欲制支。」

滔滔不絕之論辯，與超拔深澈之玄理，同視爲評定優劣之二種標準，則言談之技巧與內容，立於並肩地位矣。

清談論辯上承漢代講經論難之法，二者雖於內容及態度上有所差別，然於言語之進化則一，故柳詒徵先生言曰：

> 清談有尚簡括者，有尚博辯者，……此則清談與講學，頗有連帶之關係。雖講經義與談《老莊》殊科，其爲言語之進化，則事屬一貫，研究三國六朝之風氣者，不可不於此注意焉。〔註5〕

魏晉名士以談坐聚會爲訓練場所，論辯風氣因而大行，論辯大行，則人與人間言辯所達之純美境界，曠古絕今所未曾有；此種以談作戲，各標風致，互騁才鋒，與圍棋、彈琴、樗蒲等藝並舉之態度〔註6〕，遠離現實人生，成爲「當時日常人生中一種消遣遊戲之事」〔註7〕，亦惟其脫開實用價値，語言藝術化

〔註4〕見《世說新語・賞譽篇》第八十二條。

〔註5〕詳見柳詒徵先生編著《中國文化史》中冊，第41、42頁。

〔註6〕《世說新語・巧藝篇》第十條：「王中郎以圍棋是坐隱，支公以圍棋爲手談。」《齊書・柳世隆傳》：「世隆少立功名，晚專以談義自業。常自云：『馬矟第一，清談第二，彈琴第三。』」《晉書・陶侃傳》：「諸參佐或以談戲廢事，乃命取其酒器蒱博之具悉投於江。曰：『樗蒲者，牧豕奴戲耳。《老莊》浮華，非先王之法言。』」

〔註7〕詳見錢穆先生著《中國學術思想史論叢》（三），〈略論魏晉南北朝學術文化與

之境界方得以達成。今日學者論及藝術起源，最流行之學說，即將藝術溯源至遊戲，因此二者皆屬於無實用目的之自由活動，能自平凡中跳脫，而求其新奇，能跳脫有限而求無限〔註8〕。魏晉清談以論辯訓練爲娛心悅耳之娛樂，同不沾染實用價値色彩，可謂爲語言藝術化最大之動力也。

第二節　言不盡意之態度

清談論辯中，對於語言態度可分爲二種，一者博辯鴻采，一者言簡意富。博辯鴻采淵源於講經析理之入微，論談才藻之奇麗，其演說翻覆，精密相扣，常博得時人由衷之讚賞，本章第一節已多所述及。然此期中，言簡意富之流，何以能於談辭如雲之名士中立一席之地，甚且獲得更高美譽者，此當所深究也。歸根究底，不得不論及「言不盡意」觀念之影響。

言不盡意之說，《周易繫辭》早已言之，曰：「子曰：『書不盡言，言不盡意。』」時經漢世，纖緯迷信、意句訓詁之風瀰漫，學者耗其心血於文字之鑽研，解釋經書動輒百萬餘言，於經義早已茫然無得，造成魏晉學風之反動。荊州學者嘗試脫其桎梏，廢棄表面字解而專求經義，以懷疑、自由之態度重新研讀經書，言不盡意主張順勢而生。

魏晉時代討論言意之辨者，主要有三人。一者荀粲、一者王弼，此二人偏於「言不盡意」，另一人爲歐陽建，主張「言盡意論」。《魏志》卷十〈荀彧傳〉注引何劭《荀粲傳》云：

> 粲諸兄並以儒術論議，而粲獨好言道。常以爲子貢稱夫子之言性與天道不可得而聞。然則六籍雖存，固聖人之糠粃。粲兄俁難曰：「《易》亦云：『聖人立象以盡意，繫辭焉以盡言』，則微言胡爲不可得而聞見哉？」粲答曰：「蓋理之微者，非物之象所舉也。今稱立象以盡意，此非通於意外者也。繫辭焉以盡言，此非言乎繫表者也。斯則象外之意，繫表之言，固蘊而不出矣」。

荀粲以爲象外之意、繫表之言，固蘊而不出，六經立象僅能通於意內，不能通於意外，繫辭僅能明有盡之言，不能明繫表之言；象外之意、繫表之言無以明之，則惟以意會。荀氏此言乃針對經籍之「言不盡意」而發，實非眞正

當時門第之關係〉一文。

〔註8〕參見朱光潛先生《文藝心理學》第十二章：〈藝術的起源與游戲〉。

探討言意關係之問題。至王弼《周易略例》，則較深入討論之，且提出「得象在忘言，得意在忘象」之方法也。〈明象篇〉曰：

> 夫象者，出意者也。言者，明象者也。盡意莫若象，盡象莫若言。言生於象，故可尋言以觀象；象生於意，故可尋象以觀意。意以象盡，象以言著。

「盡意莫若象」、「意以象盡」，知王弼並非主張「言不可盡意」，然其理論之所以被歸於「言不盡意」派者，乃因其方法論之提出，曰：

> 故言者所以明象，得象而忘言；象者，所以存意，得意而忘象。猶蹄者所以在兎，得兎而忘蹄；筌者所以在魚，得魚而忘筌也。然則，言者，象之蹄也；象者，意之筌也。是故，存言者，非得象者也；存象者，非得意也。象生於意而存象焉，則所存者乃非其象也；言生於象而存言焉，則所存者乃非其言也。然則，忘象者，乃得意者也；忘言者，乃得象者也。得意在忘象，得象在忘言。故立象以盡意，而象可忘也；重畫以盡情，而畫而忘也。（同上）

王弼言人不應執著於言象，言象猶蹄筌也，雖立象能盡意，重畫能盡情，然此「盡」乃傳達之過程，意得情得，則象可忘、畫可忘也。蓋吾人須承認「意識區域」大於「記號區域」，王師夢鷗《文學概論》中曰：

> ……但是我們從經驗上或從推理上，似乎不能抹煞那些無意識之事實的存在。……如同古人所説的『眞意』或『佳興』，而這『眞意』『佳興』二個語詞，實際都不夠代表他們當時靜觀自得的意念，而那些意念永遠是涵藏於語言以上的境界。這種『無言之境』用概括式的記號（概念的）來表述，當然不是它的具體的存在。這就可知具體存在的意念，有時並不屬於語言範圍，而且也沒有現成的語言記號可用。……（第四章〈記號作用〉）

記號本身雖然能力有限，卻可喚起其極限之外廣大之意識世界，此種「喚起」作用，即王弼所謂之蹄筌之用也。試作譬喻，若一圓（意）之於一點（言象），由言象此一定點射出，可應對一圓之全部，言象實具指示作用，爲傳達思想內涵之途徑也。歐陽建「言盡意論」與之異者，乃歐陽氏將意、象視爲同一，外在記號認爲僅是意識翻譯爲物質之事實，故一象對應一意，歐陽建曰：

> 欲辨其實，則殊其名。欲宣其志，則立其稱。名逐物而遷，言因理而變。此猶聲發響應，形存影附，不得相與爲二。苟其不二，則無

不盡。吾故以爲盡矣。(《藝文類聚》卷十九)

事實上歐陽氏亦承認：

夫天不言而四時行焉，聖人不言而鑒識形焉。形不待名，而方圓已著；色不俟稱，而黑白以彰。……(同上)

此種「形不待名」「色不俟稱」之概念，乃知識建立之基礎也。 王師夢鷗又曰：

一『念』之生成，乃靠著有個習成的記號爲它的表徵，有了表徵，我們才知道有那『念頭』的存在。所以『念的什麼』就是那記號的涵義。我們看見某一記號而知其涵義，那就是記號促起經驗再生的作用。現代語言學者稱之爲『符號』與『記憶』的聯合。(《文學概論》第四章〈記號作用〉)

荀粲王弼早已知借重此種基本知識或情感之觸發，以符號聯合記憶，造成讀者內在情識全面感知，如此非但能由象盡意，且所盡之意內容豐富而複雜，實非原象所能括，故「存象」並非「得意」，得意在於忘象也。是以「言不盡意」論者，曰「言無法一一對應於意」者則可，曰「言無法完整傳達意」者則否也。

魏晉論壇受到「言不盡意」理論影響，於談座上於是出現以至簡言語表達至深玄意之趨向，最有名之例當推「三語掾」一事也。《世說新語・文學篇》第十八條：

阮千里有令聞，司徒王濬沖見而問曰：「老莊與聖教同異？」對曰：「將無同！」太尉善其言，辟之爲掾。世謂「三語掾」。衛玠嘲之曰：「一言可辟，何假於三？」千里曰：「苟是天下人望，亦可無言而辟，復何假一？」遂相與爲友。

儒道交融問題，二人相爭以至簡之答釋之，若能「無言而辟」，始是「天下人望」，知時人於語言所存之態度如此。傳庾子嵩讀《莊子》，開卷一尺許便放去，云：「了不異人意。」《世說新語》注引《晉陽秋》，云庾敳：「恢廓有度量，自謂是老莊之徒。曰：『昔未讀此書，意嘗謂至理如此。今見之，正與人意暗同。』」〔註9〕此舉重在得意，意得而忘言，故去《莊》書不觀。〈文學篇〉七十五條載：

庾子嵩作《意賦》成，從子文康見，問曰：「若有意邪？非賦之所盡！若無意邪？復何所賦？」答曰：「正在有意無意之間！」

〔註 9〕見《世說新語・文學篇》第十五條。

此言頗涉玄虛，依前言論之，言象涵射面廣，所盡之意端賴觀者心領神會，有意無意之體悟，非由賦來，乃根於觀者識鑒，則「正在有意無意之間」，始能成其說。

談論上如此，應諸於日常生活上，以及品評人物上，亦以此為準則。〈賞譽篇〉第一百條：

殷中軍道右軍：「清鑒貴要。」

〈品藻篇〉第七十三條：

謝太傅謂王孝伯：「劉尹亦奇自知，然不言勝長史。」

第七十四條：

王黃門兄弟三人俱詣謝公，子猷、子重多說俗事，子敬寮溫而已。既出，坐客問謝公：「向三賢孰愈？」謝公曰：「小者最勝！」客曰：「何以知之？」謝公曰：「『吉人之辭寡，躁人之辭多。』推此知之。」

如此以談話內容之雅俗，判別人品之高下，成為當時重要之評定標準。〈言語篇〉第三十九條：

高坐道人不作漢語，或問此意，簡文曰：「以簡應對之煩。」

〈賞譽篇〉第一百三十三：

謝公云：「長史語甚不多，可謂有令音。」

第一百三十五條：

劉尹道江道羣「不能言而能不言。」

第八十三條：

王長史謂林公曰：「眞長可謂金玉滿堂。」林公曰：「金玉滿堂，復何為簡選？」王曰：「非為簡選，直致言處自寡耳。」

又如〈方正篇〉第五十六條：

羅君章曾在人家，主人令與坐上客共語。答曰：「相識已多，不煩復爾。」

《世說新語》上以「簡」評人者多，皆受此風氣影響也。

言不盡意重在意會，而意會途徑甚多，不只於語言一法，故時人為求言語至簡，只得紛紛轉向其他途徑，以求表達。如當時名士好執麈尾，以襯其高韻，又時彈琴長嘯，以明其高遠。如：

王夷甫容貌整麗，妙於談玄；恆捉白玉柄麈尾，與手都無分別。（〈容止〉第八條）

周僕射雍容好儀形，詣王公，初下車，隱數人。王公含笑看之。既坐，傲然嘯咏。……（〈言語篇〉第四十條）

詠嘯自若，逍遙俯仰之態，藉以增飾其容儀。〈德行篇〉第三十四條：

謝太傅絕重褚公，常稱「褚季野雖不言，而四時之氣亦備。」

不言而知其簡貴之風，乃就形容舉止窺其秀徹風神。凡此皆以行爲語言表達一己風操，代替口說語言之濁煩也。

魏晉清談繁簡二式並存，繁複之美古籍已不復見，清通簡要之雋語，則《世說新語》中隨處可得。細品之，莫不味甘美而義深長，誠如耘廬劉應登之〈序〉曰：「有味有情，嚥之愈多，嚼之不見。」此種言語文章別是一色，臨川撰述，高簡有法，則《世說新語》一書，又當爲「言不盡意」思想下之產物也。

第三節　韻律聲調之講求

由於清談座上答辯犀利，辭藻斑爛，時人於語言特色自然能恰當掌握，運用亦能遊刃有餘；加以言不盡意之思想盛行，品人重風神，言語重清雋，以辭爲煩，雖爲談論，卻避免以鄙俗之口語溝通，於是精煉簡至之言語產生。言既精煉，則必須重視形式，形式乃遊戲與藝術之主要區別。朱光潛先生曰：

藝術則有社會性，它的要務不僅在「表現」而尤在「傳達」。這個新要素加入，於是把原來游戲的很粗疏的幻想的活動完全變過。原來祇是藉外物做符號，現在這種符號自身卻要有內在的價值；原來祇要有表現，現在這種表現還須具有美形式。（《文藝心理學》第十三章〈藝術的起源與遊戲〉）

以「美形式」表達符號自身內在之價值，是以魏晉談士莫不挖空心思，企求不鳴則已，一鳴驚人，語言因此而藝術化，是爲魏晉清談之重要特色。

清談雋語之內容包羅萬象，其表現之玄理、人物品鑒、及人生態度等等，將於後文分章敘之，本節僅就其外在構辭形式試作論說。

如前所述，雋語既堪爲語言藝術，則不得脫離形式之表達，此期語言形式首先爲人所注意者，乃韻律與譬喻。清談重視聲調韻律，早已發生於初期。《後漢書》卷六十八〈郭泰本傳〉言其「善談論，美音制」，音制之美成爲後來評論談客優劣之重要因素。何啓民先生言：

在某些事理的討論上，論難的方式是必須的，然而在趣味的保持上，

> 以期獲得更多的羣眾上來看，美音制，是更為有效的。辭清語妙的談論，雖談的是人物，而談論的本身，即為顯示其人才能之一種。……美音制的談論，與乎論難的合流，是一個必然的發展趨勢。(《魏晉思想與談風》)

音韻諧調之美，為清談之要件，是以時人於此多所鑽研。聲韻學創始於建安前後，至永明時代聲律論乃登峯造極〔註 10〕，實不可忽略時人好談論之社會因素也。此時期專門研究人工音律之著作已然產生，若魏初孫炎之《爾雅音義》、取「反切」以代直音〔註 11〕，魏李登《聲類》為韻書之祖、晉呂靜仿聲類作《韻集》六卷等等，顯見聲韻之學已大為風行。劉師培先生於《中國中古文學史》上言：

> 音韻之學，不自齊梁始。封演《聞見記》謂：「魏時有李登者，撰《聲類》十卷，以五聲命字。」《魏書・江式傳》亦謂：「晉呂靜仿李登之法作《韵集》五卷，宮商角徵羽各為一篇。」是宮羽之辨，嚴於魏晉之間，特文拘聲韵，始於永明耳。考其原因，蓋江左人士喜言雙聲，衣冠之族，多解音律，……

魏晉衣冠之族多解音律，刺激聲韻學之興起。然促使其人善解音律之動機，實緣於談論。談論此時已被視為一種表演〔註 12〕藝術，自然不能再以自然習慣之語調演說，為求聽者之易於了解與記憶，不得不稍作加力作用。或改變音長，造成清楚明晰之聽覺印象；或反復誦之，達到便於背誦之語調形式，此種對於韻律聲調之著意，確可收到良好之效果。陸機於《文賦》中強調自然聲律之重要，云：

〔註 10〕《南史・陸厥傳》：「(永明末) 盛為文章，吳興沈約、陳郡謝朓、琅邪王融以氣類相推轂，汝南周顒善識聲韻。約等文皆用宮商，以平上去入四聲，以此制韻，有平頭、上尾、蠭腰、鶴膝。五字之中，音韻悉異，兩句之內，角徵不同，不可增減，世呼為『永明體』」。

〔註 11〕林尹先生著《中國聲韻學通論》云：「反切始創于孫炎，證之故記，尚未能盡合。蓋『反切』之語，自漢以上，即已有之。謂孫炎取『反切』以代直音則可，謂『反切』俶自孫炎，則不可也。沈存中《筆談》謂古語已有二聲合為一字者，如不可為叵，何不為盍，……不可枚舉。以此推之，反語當不始於孫炎。」

〔註 12〕韋勒克《文學論》第十三章〈文學的諧音與韻律〉中云：聲音效果的分析，我們必須留意兩種極為重要但又常被忽視的原則。我們首先要區別「表演性」(performance) 和聲音的型態 (pattern of sound)。文藝作品之朗聲誦讀，是一種表演，也是一種型態的實踐；其中可添進各人的個性，同時還可以歪曲，甚或完全無視那些型態。

暨音聲之迭代，若五色之相宣，雖逝止之無常，固崎錡而難便，苟達變而識次，猶開流以納泉。如失機而後會，恆操末以續顛，謬玄黃之秩敘，故淟涊而不鮮。

似乎已開後世「韻」「和」問題之端，高仲華先生曰：

我們從這一段話裏，可以看出陸機已發現了文辭聲律的四大原則，就是「錯綜」、「變化」、「恰合」和「秩敘」。(《中國修辭學研究》第二章)

陸氏兄弟甚重聲律，時以書信往返討論〔註13〕，《世說新語》嘗載陸雲雅事，曰：

荀鳴鶴、陸士龍二人未相識，俱會張茂先坐；張令共語，以其並有大才，可勿作常語。陸舉手曰：「雲間陸士龍。」荀答曰：「日下荀鳴鶴。」陸曰：「既開青龍覩白雉，何不張爾弓、布爾矢？」荀答曰：「本謂雲龍騤騤，乃是山鹿野麋；獸微弩彊，是以發遲。」張乃撫掌大笑。(〈排調篇〉第九條)

以陸氏之大才，猶連連受屈於荀隱，觀二人對答，對仗工整，平仄調諧，而士龍更以諧聲爲雅謔，劉盼遂《世說新語校箋》云：

按日、雉聲近，故士龍得取鳴鶴所云之日，諧音作雉，復加白字以與青雲對文，用作嬉笑。不然，開青雲、覩白雉，雲已故有，雉果何指？非雅謔矣。又彼時士女習於以諧聲作劇談……於日、雉相代爲謔，又何疑焉。

「日」字於《廣韻》爲入聲五質韻，「雉」字爲上聲五旨韻，二音相近，故以爲謔，至陸雲之「雉」、「矢」二字同屬上聲五旨韻，荀隱之「騤」、「麋」、「遲」三字同屬上平聲六脂韻，於談座間共語，能作如此文意機趣、辭藻美麗、且對仗工整、韻律和諧者，實非常人可爲，莫怪乎張茂先撫掌大笑也。

又如〈文學篇〉第九十二條云：

桓宣武命袁彥伯作《北征賦》，既成，公與時賢共看，咸嗟嘆之。時王珣在坐云：「恨少一句；得『寫』字足韻，當佳。」袁即於坐攬筆益云：「感不絕於余心，泝流風而獨寫。」公謂王曰：「當今不得不

〔註13〕陸士龍與兄書云：「李氏云：『雪』與『列』韻，曹便復不用。人亦復云！曹不可用者，音自難得正。」又云：「海頌兄意乃以爲佳，甚以自慰，今易上韻，不知差前否？不佳者，願兄小爲損益。」

> 以此事推袁。」

劉孝標注引《晉陽秋》云：

> 宏嘗與王珣、伏滔同侍溫坐，溫令滔讀其《賦》，至「致傷於天下」，其本於此改韻。珣云：「此《賦》所詠，慨深千載；今於天下之後便移韻，於寫送之致，如爲未盡。」滔乃云：「得益『寫』韻一句，或當小勝。」桓公語宏：「卿試思益之。」宏應聲而益。王、伏稱善。

觀此文句之增減，非決定於內容意義，乃依韻味有無而修改，知時人作文，於聲調韻律之表達，實甚注意。夫文學語言，意義上雖可知解，然實際情感卻多寄托於吟詠之聲音型態上；構詞上之聲音形式，同時亦象徵或隱喻某種情感。魏晉談士既以語言爲藝術，則談論之際好較音辭優劣之心態，實不難理解。《世說新語・品藻篇》第五十四條：

> 支道林問孫興公：「君何如許掾？」孫曰：「高情遠致，弟子早已服膺；一吟一詠，許將北面。」

吟詠歌嘯，常具有情緒激發之效果，語言韻律中，其音高、強勢、音長、反復頻率等加力之不同，所表達之情感亦異，是以談士莫不致力於語言中聲音效果之追求。如是一來，聲音與情感二者關係之探討，成爲魏晉清談中主題之一。

《聲無哀樂論》爲過江三理之一，嵇康於此發表其心聲兩離之主張，以爲：

> 心能辯理善譚，而不能令內籥調利，猶瞽者能善其曲度，而不能令器必清和也。器不假妙瞽而良，籥不因慧心而調。然則心之與聲，明爲二物。二物誠然，則求情者不留觀于形貌，揆心者不借聽于聲音也。察者欲因聲以知心，不亦外乎？（《嵇康集》）

心聲兩離，名實俱殊，是以萬殊無常之聲，無法表達其哀樂之情，哀樂由心不由聲，故嵇康云：

> 夫哀心藏於內，遇和聲而後發，和聲無象，而哀心有主，夫以有主之哀心，因乎無象之和聲，感而後發，其所覺悟，惟哀而已，豈復知「吹萬不同，而使其自己」哉？……由此言之，則內外殊用，彼我異名，聲音自當以善惡爲主，則無關於哀樂，哀樂自當以情感而後發，則無係於聲音。名實俱去，則盡然可見矣。（同上）

心與聲既爲二物，心爲主觀之感情，聲爲客觀之物理。然聲音雖不含哀樂，卻能表達哀樂，此種理論與王弼「言不盡意」、「得意忘言」之說相通。聲音本身不具意義，其與感情間之橋梁，實賴於心之想像，各種聲音之物理性質不同，構成聽覺印象與促起想像之刺激力亦不相同，是以嵇康云：

> 琵琶箏笛，閒促而聲高，變眾而節數，以高聲御數節，故使人形躁而志趣，猶鈴鐸警耳，鐘鼓駭心，……蓋以聲音有大小，故動人有猛靜也。琴瑟之體，閒遼而音埤，變希而聲清，以埤音御希變，不虛心靜聽，則不盡清和之極，是以靜聽而心閑也。

夫琵琶箏笛，音間促而高，官商與節奏之變化多，令人產生振奮躁動之聯想，故形躁而志越。琴瑟音低沉而清遠，則人情自然安閒。嵇康又云：

> 夫曲用不同，亦猶殊器之音耳，齊楚之曲，多重故情一，變化故思專。姣弄之音，挹眾聲之美，會五音之和，其體贍而用博，故心侈於眾理，五音會，故歡放而欲愜，然皆以單複、高埤、善惡爲體，而人情以躁靜、專散爲應，……爲此聲音之體盡於舒疾，情之應聲亦止於躁靜耳。

齊楚之曲重複而變化巧妙，故奏弄時精神集中，情一而思專；姣弄之音會聚眾聲，輕鬆而繁富，使人暢快，故歡放而欲愜，知人乃以其感情應聲音之節奏。嵇康以爲聲音本身不含情感，然其單複、高埤、善惡，卻可促進人類之想像，產生哀樂之情，此說應之於語言聲調韻律之運用，亦同理可證。例聲母發音部位分喉、牙、舌、齒、脣五種，喉音、牙音皆濁重，舌齒音較清利，脣音則有渺茫廣濶之感；韻母中若含〔i〕、〔e〕等高母音，則易與輕薄、明快、輝煌之對象結合，如支脂〔i〕先仙〔ien〕；若含〔o〕、〔u〕等低母音，則易產生沉悶幽暗之聯想，如魚〔io〕、虞〔iu〕、模〔u〕諸韻，感受即沉重哀痛。凡此皆因於聲音對想像力之刺激而來，是以
王師夢鷗云：

> 就聲音的物理性質看來，它造成聽覺印象既已不同，一般人聽低沈的與清脆的聲音很容易引起它所類似的記憶，這是顯然的事實，再由記憶的材料賫以俱來的感情，使那聲音染上『悲』或『歡』的色彩，也是極可能的。音樂家利用聲音來構造無窮的意象，而詩人在聲音方面的加力，實際也是利用這同樣的原理。〔註14〕

魏晉清談好整飾音辭，乃語言藝術化之重要特徵；其韻律形式趨近於音樂，

〔註14〕詳見王師夢鷗著《文學概論》第九章〈韻律樣式〉。

藉音調高低、強弱、及反複作用激發聯想，以暗示更深遠之意境，雖時人多主「哀思之情表於金石，安樂之象形於管絃」之聲具哀樂〔註 15〕，有賴嵇康著論以廓清之，然對於語言中韻律效果之認同則一。語言之韻律原理既同於音樂，故時人於樂器、樂理亦多所研究。《世說新語・文學篇》第九十八條：

或問顧長康：「君《箏賦》，何如嵇康《琴賦》？」顧曰：「不賞者，作後出相遺；深識者，亦以高奇見貴。」

〈雅量篇〉第三十四條：

戴公從東出，謝太傅往看之。謝本輕戴，見但與論琴書；戴既無吝色，而談琴書愈妙。謝悠然知其量。

〈術解篇〉第一條：

荀勗善解音聲，時論謂之闇解。遂調律呂，正雅樂。每至正會，殿庭作樂，自調宮商，無不諧韻。阮咸妙賞，時謂神解。每公會作樂，而心謂之不調。既無一言直勗，意忌之，遂出阮爲始平太守。後有一田父耕於野，得周時玉尺，便是天下正尺。荀試以校己所治鐘鼓、金石、絲竹，皆覺短一黍。於是伏阮神識。

荀勗爲本期重要之樂律家〔註 16〕，阮咸製訂之漢琵琶，今仍可見於遼寧輯安古墓壁畫中〔註 17〕，至嵇氏父子，樂藝亦甚精通。〈雅量篇〉第二條：

嵇中散臨刑東市，神氣不變；索琴彈之，奏《廣陵散》。曲終曰：「袁孝尼嘗請學此散，吾靳固未與，《廣陵散》於今絕矣！」太學生三千人上書請以爲師，不許。文王亦尋悔焉。

〈方正篇〉第十七條：

齊王冏爲大司馬輔政，嵇紹爲侍中，詣冏諮事；冏設宰會，召葛旟、董艾等共論時宜。旟等白冏：「嵇侍中善於絲竹，公可令操之。」遂進樂器。紹推却不受。……

〔註 15〕《聲無哀樂論》：「有秦客問於東野主人曰：『聞之前論曰：「治世之音安以樂，亡國之音哀以思」，夫治亂在政，而音聲應之。故哀思之情表於金石；安樂之象形於管絃也。』」嵇康《琴賦》序云：「……然八音之器，歌舞之象，歷世才士，並爲之賦，頌其體制，風流莫不相襲。稱其材幹，則以危苦爲上，賦其聲音，則以悲哀爲主，美其感化，則以垂涕爲貴，麗則麗矣，然未盡其理也。推其所由，似元不解音聲，……」

〔註 16〕詳見劉蔭麟先生著《中國古代音樂史稿》第六章。

〔註 17〕詳見劉蔭麟生生著《中國古代音樂史稿》第六章，及附圖五十五。

此時名士於樂器皆有相當之造詣，視爲貴族清閒生活中一種高貴之娛樂，若古琴、琵琶、笛、箏、鼓、嘯〔註 18〕，皆所習藝，《世說新語》中著錄甚多，茲不復載矣。

第四節　意象譬喻之傳達

文學語言之形式組織，可分爲韻律與譬喻兩種。韻律者，乃聲音之表達力，如同音樂一般，其音響本無特定意義，卻有助成某種意義、情感之效用；至於譬喻，是爲文學意象之間接表達方式，近人雖可細分達二百五十種，然歸納之，終不外乎直喻與隱喻二等範疇〔註 19〕。清談雋語既被視爲文學化之語言，則語言之時間性短，較書面文字更不易停留於記憶中，亦無法長時間之反覆思考諸缺點，於演說中藉譬喻以闡言旨之法益顯重要；推諸於日常生活中，意象鮮明之評鑒，幽默風趣之對答，入骨深刻之諷諫等等，遂造成雋語文學中特有之風格。

意象一義，頗似佛書中言六「根」所造成之六「境」（王師夢鷗語），包含嗅覺、味覺、觸覺、潛意識等等過去之感覺與經驗於心裏再現之「心靈現象」。然而意象之產生並不代表美感之呈現，必待作者刻意經營，利用文學語言能產生寬濶想像空間之特性，馳騁創造，使讀者加入豐富之感受與聯想，從而達成美感經驗之目的。朱光潛先生曰：

> 在美感經驗之中，精神須專注於孤立、絕緣的意象，不容有聯想，有聯想則離開欣賞對象而旁遷他涉。但是這個意象的產生不能不借助於聯想，聯想愈豐富則意象愈深廣，愈明晰。一言以蔽之，聯想雖不能與美感經驗同時並存，但是可以來在美感經驗之前，使美感經驗愈加充實。（《文藝心理學》第六章〈美感與聯想〉）

清談雋語相當重視意象之創造及聯想之傳達，是以音律與辭采問題爲文人所關心，此二者偏向形式之鑽研，以外在之構辭取勝。陸機《文賦》中區

〔註 18〕氣激於舌端而清，謂之嘯。此乃一種口技音樂，魏晉文人皆善之。如〈棲逸篇〉第一條：「阮步兵嘯，聞數百步。蘇門山中，忽有眞人，樵伐者咸共傳說。阮籍往觀，見其人擁膝巖側。……籍因對之長嘯。良久，乃笑曰：『可更作？』籍復嘯。意盡，退，還半嶺許，聞上唒然有聲，如數部鼓吹，林谷傳響。顧看，迺向人嘯也。」

〔註 19〕王師夢鷗云：「實際上，用繼起的意象來表述原意象之間接表達法，只有直喻和隱喻。」詳見《文學概論》第十四章〈譬喻的基本型〉。

分體裁爲十，言「說煒燁而譎誑」〔註20〕李善注云：「說以感動爲先，故煒燁譎誑」，欲感動聽者，言談之辭采與韻律成爲吸引之先決條件，如此演變下來，於辭則易爲藻飾，於義則虛而無微，終造成南朝華靡無實之文風，范寧《罪王何論》云：

飾華言以翳實，騁繁文以惑世。

即針對此種風氣所發之批評。然而不可否認者，清談雋語中採用大量象徵性之文字、譬喻，藉具體之意象創造各種豐富傳神之聯想，直接影響中國罕見之形式唯美文學產生，實不容忽視也。黃季剛先生曰：

文有飾詞，可以傳難言之意；文有飾詞，可以省不急之文；文有飾詞，可以摹難傳之狀；文有飾詞，可以得言外之情。古文有飾，擬議形容，所以求簡，非以求繁。降及後世，夸張之文，連篇積卷，非以求簡，衹以增繁。仲任所譏，彥和所誚，固宜在此而不在彼也。（《文心雕龍．札記夸飾》第三十七）

「擬議形容，所以求簡，非以求繁」，證以本時期「言不盡意」觀念之瀰漫，適可爲其註脚也。

文學語言對於意象之間接表述，大致可分爲直喻、隱喻二種。直喻可以「甲比乙」之簡單形式表之，通常甲乙兩物併列，而從中加入「如」、「似」、「若」、「像」……等字，連接二者相似之意象或價值；《世說新語》中品評人物一類，使用此法者甚多，例：〈賞譽篇〉第二條：

世目李元禮：「謖謖如勁松下風。」

第八條：

裴令公目夏侯太初：「肅肅如入廊廟中，不脩敬而人自敬。」一曰：「如入宗廟，琅琅但見禮樂器。」「見鍾士季，如觀武庫，森森但覩矛戟在前。見傅蘭碩，汪翔靡所不有。見山巨源，如登山臨下，幽然深遠。」

第十五條：

庾子嵩目和嶠：「森森如千丈松，雖磊砢有節目，施之大廈，有棟梁之用。」

〔註20〕陸機《文賦》云：「詩緣情而綺靡，賦體物而瀏亮，碑披文以相質，誄纏綿而悽愴，銘博約而溫潤，箴頓挫而清壯，頌優遊以彬蔚，論精微而朗暢，奏平徹以閑雅，說煒燁而譎誑。」

第十六條：

王戎云：「太尉神姿高徹，如瑤林瓊樹，自然是風塵外物。」

品者以勁松下之風，喻李元禮俊挺風采，以入廊廟之感受品夏侯太初之嚴肅，以如觀武庫言鍾會之威武，言和嶠如千丈松，言王衍如瑤林瓊樹，皆以直接之比喻狀其神韻風流。《世說》中亦有不明言「如」、「若」，卻明顯可見其爲直喻者，如〈賞譽篇〉第三十七條：

王公目太尉：「巖巖清峙，壁立千仞。」

第五十六條：

世目周侯：「嶷如斷山」。

第一百零八條：

王右軍目陳玄伯：「壘塊有正骨。」

前一類多將喻者與被喻者之類似點點出，若「謖謖」、「肅肅」、「森森」……，後一類則直接以意象呈現，不表明二者相通處，而純由觀者意會。

直喻方式甲乙並置，至於隱喻則僅表達乙物，甲物卻隱藏不現。由最廣義而言，凡是作者爲某種意象所作之述說，皆可視爲「隱喻」〔註 21〕，是以此處僅就狹義隱喻言之。例如〈言語篇〉第五條：

孔融被收，中外惶怖。時融兒大者九歲，小者八歲；二兒故琢釘戲，了無遽容。融謂使者曰：「冀罪止於身。二兒可得全否？」兒徐進曰：「大人豈見覆巢之下，復有完卵乎？」

「覆巢之下，復有完卵乎？」所喻乃曹法嚴苛、父死子孤、家不得全之痛，而全句不著一字；又如〈言語篇〉第四十三條：

梁國楊氏之子九歲，甚聰惠；孔君平詣其父，父不在，乃呼兒出，爲設果。果有楊梅，孔指以示兒曰：「此是君家果？」兒應聲答曰：「未聞孔雀是夫子家禽！」

以楊梅暗喻楊氏之子，楊子反以孔雀比擬孔家，二人言中隱含譏諷，卻機趣橫生。《世說新語‧言語篇》中所重者乃對答應辯之巧妙，所用之譬喻如吐金屑，若第五十七條：

〔註 21〕王師夢鷗云：「從最廣意來說，凡是詩人文學家爲著某種意象而發動述說，不管用的是直接法或間接法，都可說是一種『隱喻』，也就是說：他所講的一切話語，都在『隱喻著』他的『母題』(motif)。但從狹義來說，間接的表達法，它的語式不過是第一、母題……第二、譬喻語……第三、母題與譬喻語之間的共同點或可連接的關係點 B。……」

顧悅與簡文同年，而髮蚤白。簡文曰：「卿何以先白？」對曰：「蒲柳之姿，望秋而落；松柏之質，凌霜猶茂。」

以蒲柳與松柏比喻二人體性之強弱有異，將是時流行之才性思想溶於美辭中，不可不謂爲妙喻也。第八十條：

李弘度常歎不被遇，殷揚州知其家貧，問：「君能屈志百里不？」李答曰：「《北門》之歎，久已上聞；窮猿奔林，豈暇擇木！」遂授剡縣。

以窮猿奔林，喻己之窘境。第八十四條：

孫綽賦《遂初》築室畎川，自言見止足之分。齋前種一株松，恒自手壅治之；高世遠時亦鄰居，語孫曰：「松樹子非不楚楚可憐，但永無棟梁用耳！」孫曰：「楓柳雖合抱，亦何所施？」

孫高二人以松樹、楓柳互諷，餘味無窮。種種妙喻，《世說新語》中俯拾皆是，可見魏晉談士之善於以譬喻表達心中之意象及感情也。

除却直喻與狹義隱喻外，尚有以聲音作喻者，如〈言語篇〉第十七條：

鄧艾口吃，語稱「艾艾……」。晉文王戲之曰：「卿云『艾艾……』，爲是幾『艾』？」對曰：「『鳳兮，鳳兮』，故是一『鳳』。」

此種譬喻於我國並不多見。又有以字喻者，乃以字形直接作喻，〈捷悟篇〉第二條：

人餉魏武一桮酪，魏武噉少許，蓋頭上題爲「合」字以示眾；眾莫能解。次至楊脩，脩便噉，曰：「公教人噉一口，復何疑？」

〈簡傲篇〉第四條：

嵇康與呂安善，每一相思，千里命駕。安後來，值康不在，喜出戶延之；不入；題門上作「鳳」字而去。喜不覺，猶以爲欣，故作。「鳳」字，凡鳥也。

嚴格而言，聲喻字喻當屬直接表達法〔註22〕，亦數見於《世說新語》中。

然《世說新語》所載所最爲人稱道者，當推幽默譏諷之雋語妙言。夫幽默、譏諷、或者感傷所表達出來之感情，乃是一種相當複雜之情緒綜合體，其傳達技巧自非以單純譬喻即可表現，日人早川原先生於《語言與人生》一

〔註22〕王師夢鷗云：「不過，諸如此類之『音喻』『字喻』，雖稱爲『喻』，但，除『雙關語』帶有隱喻的作用者外，其他用『音』或用『形』，它的作用卻屬於直接表達法，也就是利用那聲音或圖形來直接顯示意象的某一特點，而與間接法的表達，在原理上本不同類，應該劃歸直接表達法中。」

書中言曰：

> 另一種更複雜的表達方法，就是故意將很不適當的比喻或引語放在一起，以產生一種矛盾的感覺，由於這種方法，我們更能感受到其中的諷刺，感傷或幽默。在這種情況下，我們對正在談的事物有一個鮮明的感覺，對所用的比喻和引語又是另一種感覺，而這兩種不同的感覺衝擊的結果，就產生了第三種——一種新的感覺。（第八章〈傳達感情的語言〉）

欲造成某種複雜的情感，非藉此種方式無法達成。例如〈德行篇〉第三十八條：

> （范）宣潔行廉約：韓豫章遺絹百匹，不受；減五十匹，復不受；如是減半，遂至一匹，既終不受。韓後與范同載，就車中裂二丈與范，云：「人寧可使婦無褌邪？」范笑而受之。

素行廉潔與婦之無褌，實爲截然不類之事，二者並列，令人突生愕然，繼而產生會心微笑。又如〈文學篇〉第三條：

> 鄭玄家奴婢皆讀書。嘗使一婢，不稱旨，將撻之，方自陳說；玄怒，使人曳著泥中。須臾，復有一婢來，問曰：「『胡爲乎泥中？』」答曰：「『薄言往愬，逢彼之怒。』」

家婢對答，雖不合原詩之意，然二婢能引《詩經》，固已令人驚異，其句意又誤置得十分貼切，不禁引起讀者愛憐，爲之莞爾。〈任誕篇〉第三條：

> 劉伶病酒渴甚，從婦求酒，婦捐酒毀器，涕泣諫曰：「君飲太過，非攝生之道，必宜斷之！」伶曰：「甚善。我不能自禁，唯當祝鬼神自誓斷之耳，便可具酒肉。」婦曰：「敬聞命。」供酒肉於神前，請伶祝誓。伶跪而祝曰：「天生劉伶，以酒爲名；一飲一斛，五斗解酲。婦人之言，愼不可聽。」便引酒進肉，隗然已醉矣。

此文可謂爲精采之短篇小說，有情節、有動作、有表情，劉伶嗜酒又幽默，其妻則憨厚可愛，前段隨意舖敘，句句穩當，卻句句爲後文衝突之伏筆，至「婦人之言，愼不可聽」，忽起高潮，推翻原先之預測，產生意外驚喜，隨即「引酒進肉，隗然已醉」，作全文雋永有味之結束，言有盡而意無窮。

至於諷刺，表達手法亦似，然而言語較爲尖銳，語義亦自不留人餘地，如〈言語篇〉第四十二條：

> 摯瞻曾作四郡太守，大將軍户曹參軍，復出作内史，年始二十九。

嘗別王敦，敦謂瞻曰：「卿年未三十，已爲萬石，亦太蚤！」瞻曰：「方於將軍，少爲太蚤；比之甘羅，已爲太老。」

〈排調篇〉第三十條：

張吳興年八歲虧齒，先達知其不常，故戲之曰：「君口中何爲開狗竇？」張應聲答曰：「正使君輩從此中出入！」

第四十六條：

王文度、范榮期俱爲簡文所要；范年大而位小，王年小而位大；將前，更相推在前；既移久，王遂在范後。王因謂曰：「簸之揚之，糠秕在前。」范曰：「洮之汰之，沙礫在後。」

《世說新語》中，幽默、諷刺、滑稽之機妙言語，舉不勝舉，蔚爲風格，誠語言文學之瑰寶也。劉卲《人物志・材理篇》云：

善喻者以一言明數事，不善喻者百言不明一意。

清談人士之善喻，言簡意明，且出口成章，便成文彩，迄於宋、齊，其風未替。惟早期談家，雖工言語，著爲文章，亦後世所取法，至西晉王衍、樂廣之流，專工談論，文藻鮮傳於世，致言語文章分爲二途。〔註23〕

〈文學篇〉第七十條云：

樂令善於清言，而不長於手筆。將讓河南尹，請潘岳爲表；潘云：「可作耳；要當得君意。」樂爲述已所以爲讓，標位二百許語；潘直取錯綜，便成名筆。時人咸云：「若樂不假潘之文，潘不取樂之旨，則無以成斯矣。」

第七十三條云：

太叔廣甚辯給，而摯仲治長於翰墨，俱爲列卿。每至公坐，廣談，仲治不能對；退著筆難廣，廣又不能答。

然不論言語或文學，一皆才博喻廣，文采燦然，亦足窺當時風尚矣。

〔註23〕見劉師培《中國中古文學史》論〈魏晉文學之變遷〉一章。

第四章　雋語名言與玄學思想

《南齊書》卷三十三〈王僧虔傳〉載《誡子書》云：

> 往年有意於史，取《三國志》聚置床頭，百日許，復徙業就玄，自當小差於史，猶未近彷彿。曼倩有云：「談何容易。」見諸玄，志爲之逸，腸爲之抽，專一書，轉誦數十家注，自少至老，手不釋卷，尚未敢輕言。汝開《老子》卷頭五尺許，未知輔嗣何所道，平叔何所說，馬、鄭何所異，《指例》何所明，而便盛於麈尾，自呼談士，此最險事。設令袁令命汝言《易》，謝中書挑汝言《莊》，張吳興叩汝言《老》，端可復言未嘗看邪？談故如射，前人得破，後人應解，不解即輸賭矣。且論注百氏，荊州《八袠》又《才性四本》、《聲無哀樂》，皆言家口實，如客至之有設也。汝皆未經拂目瞥耳。豈有庖廚不脩，而欲延大賓者哉？就如張衡思侔造化，郭象言類懸河，不自勞苦，何由至此？汝曾未窺其題目，未辨其指歸；六十四卦，未知何名；《莊子》眾篇，何者內外；《八袠》所載，凡有幾家；《四本》之稱，以何爲長。而終日欺人，人亦不受汝欺也。

是《書》中，關於三玄之注解與闡發、王弼何晏對儒道學說之溝通、新舊經說之異同、及名理之辨析等等，皆曾論及，可以概括魏晉清談之範圍。然本文既以《世說新語》爲中心，所述諸論，自當以《世說》爲主，其未錄之論，不得不暫且割愛。檢閱《世說》中曾提及之玄論，包含有關於《易》理之《言象意之辨》、《易象妙於見形論》、《易體論》；有關於《老》《莊》者，如《貴無論》、《逍遙論》、《齊物論》、《漁父論》、《旨不至論》、《養生論》；及有關儒道異同之《老莊與聖教同異論》、《聖人有情無情論》；有關人物才性之《才性四本論》、人物品藻，與佛理之說、《樂論》、《夢論》等等，雖無法包括清談所有論題，亦有窺其梗概也。

本章將分三節述之，第一節以王弼何晏之貴無思想爲主，串聯其他相關諸論，第二節以《莊子》諸論及《養生論辯》爲主題，第三節則述是時對於佛理之討論，以三宗爲主。至於《逍遙論》、《樂論》、及《四本論》，前文已及，茲不贅言。人物品藻方面，將另闢專章述說，本章亦不多言也。

第一節　何晏王弼之易老貴無論

一、何王貴無論

貴無思想首揚於何晏、王弼，此二人爲《老子》作注，皆重有關「天人之際」之「道」、「無」而論述，《世說・文學篇》載何晏見王弼注，服其神旨，退而作《道德論》，知何晏同意於王弼，二人思想當不致差離。何晏《道論》、《無名論》今存於《列子・張湛》注中，曰：

> 夫道者，惟無所有者也。自天地以來，皆有所有矣。然猶謂之道者，以其能復用無所有也。(《列子・仲尼篇》注引《無名論》)

又言：

> 有之爲有，恃無以生，事而爲事，由無而成。(〈天瑞篇〉注引《道論》)

此「無」爲無對之本體，非有無相對之無，「無」可以開物成務，無往不存，故曰：「天地萬物以無爲本」(《晉書》卷四十三〈王衍傳〉)，此爲何、王思想之關鍵所在。既以無爲本，萬事萬物因而化生、成形，則此無不是絕對之虛無，萬物之生必有所「由」，有所「本」，如同《老子》所言：「有物混成，先天地生」(二十五章)，其中有物，其中有精，其中有信也。

《世說新語・言語篇》第二條：

> 徐孺子年九歲，嘗月下戲；人語之曰：「若令月中無物，當極明邪？」徐曰：「不然。譬如人眼中有瞳子，無此必不明。」

當係此理之引申與發揮。然萬物之化生，其方法爲何？實在於其能「用無所有也」，此種「用無」、「由無」，即順應自然、無爲之方法論。是以何晏於《無名論》中引夏侯玄之語，曰：「天地以自然運，聖人以自然用」，自然運與自然用，皆無爲也，可使「賢者恃以成德，不肖恃以免身」，　呂師曰：

> 容肇祖先生說此「是由天道的觀念，而推之於人事的運用」，但不如說是由自然的觀念，而推之於人事的應用，更爲恰當。(《魏晉玄學析評》第六章)

容先生以爲何晏之「道」，即是自然，此自然與荀子《天論》所說之「天行有常，不爲堯存，不爲桀亡」見解相同，爲客觀之自然主義，然何晏主張運天地者爲自然，自然之道，實具化育萬物之能，而爲宇宙根本，牟宗三先生言：

> 是以此「自然」亦是沖虛境界所透顯之「自然」，非吾人今日所謂之自然世界或自然主義所說之「自然」也。「自然世界」之自然乃指客觀實物自身之存在言，而境界上之自然則是指一種沖虛之意境，乃是浮在實物之上而不著於物者。故「天地任自然」是依沖虛而觀所顯之境界上之自然。又，自然世界中之自然物，一是皆他然者，即是相依相待而有條件者，依條件而存在。依此而言，正皆非「自然」，而實是「他然」。而境界上之自然既不著於物而指物，則自亦無物上之他然，而卻眞正是自然。(《才性與玄理》第五章)

何晏之「無」、「道」，皆指沖虛境界上之「自然」，雖寂然至無，卻爲一切運化萬變之本，乃一切物動息之處，一切物生存之所依，而非純粹「他然」之天道也。

同樣學說亦見於王弼注《老子》中，王弼曰：

> 《老子》之書，其幾乎可一言而蔽之。噫！崇本息末而已矣。(《老子指略》)

此「本」爲何？《老子指略》一開頭即曰：

> 夫物之所以生，功之所以成，必生乎無形，由乎無名。無形無名者，萬物之宗也。

又《老子》首章注云：

> 凡有皆始於無，故未形無名之時，則爲萬物之始，及其有名有形之時，則長之育之亭之毒之，爲其母也。言道以無形無名始成，萬物以始以成，而不知其所以，玄之又玄也。

王弼偏於主觀心境上言道，重在人類主觀心境之能夠體無，使心神達到一至高境界，以通上德、玄德或至德。此種至高境界之體悟，可謂各家追求之理想，非惟道家而已，《論語・陽貨篇》：

> 子曰：「予欲無言。」子貢曰：「子如不言，則小子何述焉？」子曰：「天何言哉？四時行焉，百物生焉，天何言哉？」

在虛靜無爲之感悟下，人間擾攘隨之昇華，而生命中如如常樂之雋永，遂溶化於宇宙無止境之深廣境界中，是以孔子謂嘆：「予欲無言」也。王弼深刻洞悉此種主觀心境上體無之共通點，遂藉以溝通儒道兩家之形上本體觀。王弼言：「聖人體無，無又不可以爲訓，故言必及有；老莊未免於有，恒訓其所不足。」（《世說新語・文學篇》第八條）蓋孔子、老莊相提並論，實爲當時清談界之趨勢。《世說新語・文學篇》載：

> 孔文舉年十歲，隨父到洛；時李元禮有盛名，爲司隸校尉；詣門者皆雋才清稱，及中表親戚乃通。文舉至門，謂吏曰：「我是李府君親。」既通，前坐。元禮問曰：「君與僕有何親？」對曰：「昔先君仲尼，與君先人伯陽，有師資之尊；是僕與君奕世爲通好也。」元禮及賓客莫不奇之。（第三條）

故事除證孔文舉之聰穎外，實透露著儒道交流之訊息。又如〈言語篇〉第五十條：

> 孔齊由、齊莊二人少時詣庾公，公問：「齊由何字？」答曰：「字齊由。」公曰：「欲何齊邪？」曰：「齊許由。」「齊莊何字？」答曰：「字齊莊。」公曰：「欲何齊？」曰：「齊莊周。」公曰：「何不慕仲尼而慕莊周？」對曰：「聖人生知，故難企慕。」庾公大喜小兒對。

「聖人生知，故難企慕」，是與王弼言「聖人體無」之意同，表面上將孔子推至最高地位，實則陰崇道家人物也。然王弼更著重於儒道形上思想之相融，以爲孔、老之所以異，在於體無方法之不同，而二者之最高境界——無，則屬同一。《論語》一書記述孔子言行，多關人事，王弼則作《論語釋疑》，以玄理附會大義，使之契合。如《論語・述而篇》「志於道」下，王弼注曰：

> 道者，無之稱也，無不由也，況之曰道，寂然無體，不可爲象。

〈八佾篇〉「林放問禮之本，子曰大哉問」，王弼曰：

> 時人棄本崇末，故大其能尋禮本意也。

王氏所謂禮之本意，謂仁義禮敬，皆須統以自然無爲〔註1〕，其本末，實同於

〔註1〕王弼注《老子》第三十八章，云：「用不以形，御不以名，故仁義可顯，禮敬

道家之道也。然儒家經典中，與道家形上本體相近者，是爲《易經》。《易繫辭》云：

太極衍生天地萬物之義，是故易有太極。

根據《孔疏》云：

太極謂天地未分之前，元氣混而爲一，即是太初太一也。

此形上思想存在之意義，實同於老子《道德經》所言：

有物混成，先天地生，寂兮寥兮，獨立不改，周行而不殆。（二十五章）

又如《易繫辭》云：

易無思也，無爲也，寂然不動，感而遂通天下之故。

又以道之「無」爲中心思想也。《易》《老》性質既近，王弼援《老》入《易》，歸有入無，自是極自然之事。《老子》二十五章王弼注曰：

自然者，無稱之言，窮極之辭也。其一之者，主也。

四十二章注云：

萬物萬形，其歸一也，何由致一？由於無也。

一爲萬物萬形之主，故天地萬物皆歸之。《周易略例・明象篇》云：

夫眾不能治眾，治眾者，至寡者也。夫動不能制動，制天下之動者，貞夫一者也。故眾之所以得咸存者，主必致一也；動之所以咸運者，原必无二也。

能夠「統之有宗，會之有元」，則可「繁而不亂，眾而不惑」（同上）《世說新語》中曾載：

晉武帝始登祚，探策得「一」；王者世數，繫此多少。帝既不悅，羣臣失色，莫能有言者。侍中裴楷進曰：「臣聞天得一以清，地得一以寧，侯王得一以爲天下貞。」帝悅。羣臣歎服。（〈言語篇〉第十九條）

裴楷引用王弼《老子注》三十九章云：

一，數之始而物之極也，各是一物之生，所以爲主也。……各以其一，致此清、寧、靈、盈、生、貞。

用此玄理以解危機，誠可說明此理已深入時人思想之中，而爲當政者所服。

可彰也。夫載之以大道，鎮之以無名，則物無所尚，志無所營，各任其貞，事用其誠，則仁德厚焉，行義正焉，禮敬清焉。」

二、王弼大衍義

王弼以「一」、「無」，爲萬物之「宗」、之「元」，應之於所著諸論，皆可通達。夫天地既以無爲本，本者宗極，宗極冥漠，無所不窮，是爲《大衍義》中所謂之「太極」，王弼釋此甚明：

> 演天地之數所賴者五十也。其用四十有九，則其一不用也。不用而用之以通，非數而數以之成，斯易之太極也。四十有九，數之極也，夫無不可無明，必因於有，故常於有物之極，而必明其所由之宗也。（《韓康伯注》引）

所由之宗來自於不用之一，一爲太極，爲無爲體，四十有九則天地萬物也，爲有爲用。無因有明，體用相生，湯錫予先生云：

> 查王弼書中天地二字用法有二。一就體言，……天地則直爲本體之別名，因此則太極直爲天地矣。一就用言，則爲實物……天地雖大，而寂然至無爲本。夫寂然至無之體，並非一實物，而其天地之用亦非離體而獨立存在。如是則天地與太極中間具體用之關係，即體即用，則天地即太極也。（王弼《大衍義略釋》）

既體用一如，則道雖無名，欲明道之無，卻須依有名之用以觀之，而有名之用何以申？又須反本於無也，是以王弼云：「夫無不可無明，必因於有，故常於有物之極，而必明其所由之宗也。」無乃天地萬物賴以存在之共同根據，並非存在於萬物之上而生出萬物之實體，是以「無」、「有」無時間之先後、空間之彼此之分別，無有僅是本末、體用關係，「本」、「體」指根本或原則，「末」、「用」指表象或作用，「明其所由之宗」，亦即言「無」始是天地萬物及其運動變化之根本原則。「寧有賴其末而不識其本」〔註 2〕乎？故須「反本於無」也。王弼《易注復卦》云：

> 陽氣始剝盡，至來復時，凡七日。以天之行，反復不過七日，復之不可遠也。往則小人道消也。復者，反本之謂也。天地以本爲心者也。凡動息則靜，靜非對動者也；語息則默，默非對語者也。然則天地雖大，富有萬物，雷動風行，運化萬變，寂然至无是其本矣。故動息地中，乃天地之心見也。若其以有爲心，則異類未獲具存矣。

將欲全有，必反本於無，不但反本於無，且須「以無爲本，反本爲用」，是則

〔註 2〕《世說新語・尤悔篇》第十五條：「簡文見田稻不識，問是何草？左右答是稻。簡文還，三日不出，云：『寧有賴其末，而不識其本？』」

又較何晏「以無爲爲本」更進一層，莫怪乎何晏服其神旨。王弼以爲天地運行，尙以七日爲復，復不可遠，則「古今雖殊，軍國異容，中之爲用，故未可遠也，品制萬變，宗主存焉」（《略例・明象篇》），復既不可遠，惟有應始要終，守寂然至无之本，再據此運化萬變，始能無所不適，「故處璇璣以觀大運，則天地之動未足怪也；據會要以觀方來，則六合輻輳未來足多也。」（同上）此乃天下之大變也。《明爻通變》上曰：

是故，範圍天地之化而不過，曲成萬物而不遺，通乎晝夜之道而无體，一陰一陽而无窮。非天下之至變，其孰能與於此哉？

《易大衍義》以一統四十有九，據本爲主，可以品制萬變，純以「體用一如」之新論，盡掃漢儒宇宙構成之舊說〔註3〕，實王弼之創見，而爲漢魏間思想革命之中心觀念也。

三、言象意之辨

王弼「以無爲本」之說，首先應於其言象意之辨。言不盡意說對時人語言態度之影響，前章已闡明之，而其說於玄理上自有貢獻，湯錫予言魏晉有系統之玄學，乃建樹於王弼首唱得意忘言之新眼光新方法，推崇備至，知言意之辨與「以無爲本」之玄理二者關係實不可分。

《周易略例・明象篇》中，王弼借《莊子》蹄筌之喻，說明言意關係，一則曰象可出意，言可明象，一則曰言生於象，象生於意，是則以意爲本，以象爲用也。夫具體之迹象，可道者也，有言有名者也；抽象之本體，無名絕言而以意會者也。意會全賴主觀心境之體悟，其境界則上通於「道」、「無」之形上本體，是以王弼言：

凡動息則靜，靜非對動者也；語息則默，默非對語者也。（《復卦》注）

動靜語默非相對之辭，靜默者寂然至无之本也，語者言象，默則意會，言象

〔註3〕湯錫予先生云：「夫漢儒固常用太極解『不用之一』矣，然其『一』與『四十九』固同爲數。『一』或指元氣之渾淪，或指不動之極星，『四十有九』則謂十二辰或日月等等，『一』與『四十九』分爲二截，統無體用相即之意，按阮籍《通老論》謂道者『《易》謂之太極，《春秋》謂之元，《老子》謂之道』（《御覽》二）。其說似與王弼相同，然阮氏以萬有變化爲一氣之盛衰，以人身爲陰陽之精氣。《達莊論》則仍主元氣說（嵇康亦然。又按以太極、元、道三者並論，本漢人思想，見《漢書・律曆志》），實未脫離漢儒之通義。其掃盡宇宙構成之舊說，而純用體用一如之新論者，固不得首稱王弼也。」（見《王弼大衍義略釋》）

目的在於得意，語言根源則歸於靜默至無也，是以本體論上所言之體用之辨，亦即方法論上所稱言意之辨也。

言意之辨得與玄學契會，忘象以求意所據原則實與貴無者同貫。《易經．姤卦》「姤之時義大矣哉」下，王弼注云：

凡言義者，不盡於所見，中有意謂者也。

此「意謂」蓋即言象之本。意既寄旨於言象，則修本得意，自可廢言也，故王弼云：

予欲無言，蓋欲明本，舉本統末，而示物于極者也。夫立言垂教，將以通性，而弊至于湮。寄旨傳辭將以正邪，而勢至于繁。既求道中，不可勝御。是以修本廢言，則天行化，以淳而觀，則天地之心見於不言，寒暑代序，則不言之令行乎四時，天豈諄諄者哉？（《論語．陽貨》「予欲無言」下《皇疏》引）

舉本統末，以示物于極，修本廢言，則天行化，天地之心見於不言，是忘言象而求其意，反本於無也。至張韓（翰？）云：「留意于言，不如留意于不言」〔註4〕，庾闡云：「是以象以求其妙，妙得則象忘；蓍以求神，神窮則蓍廢」〔註5〕，其說皆同於王弼。《世說新語》中載孫盛與殷浩、劉惔論辯《易》象問題，云：

殷中軍、孫安國、王、謝能言諸賢，悉在會稽王許。殷與孫共論《易象妙於見形》。孫語：「道合」。意氣干雲。一坐咸不安孫理，而辭不能屈。會稽王慨然歎曰：「使眞長來，故應有以制彼！」即迎眞長，孫意已不如。眞長既至，先令孫自敘本理。孫粗說己語，亦覺絕不及向。劉便作二百許語，辭難簡切；孫理遂屈。一坐同時拊掌而笑，稱美良久。（〈文學篇〉第五十六條）

針鋒相對論辯往來之詳細內容，今已不可知，然劉孝標注嘗略載《易象妙見形論》曰：

聖人知觀器不足以達變，故表圓應於蓍龜。圓應不可爲典要，故寄妙迹於六爻。六爻周流，唯化所適，故雖一畫，而吉凶並彰，微一則失之矣。擬器託象，而慶咎交著，繫器則失之矣，故設八卦者，蓋緣化之影迹也；天下者，寄見之一形也。圓影備未備之象，一形

〔註4〕詳見《藝文類聚》卷十七，張韓（翰）《不用舌論》。

〔註5〕詳見《藝文類聚》卷七十五，庾闡《蓍龜論》。

兼未形之形。故盡二儀之道，不與乾坤齊妙；風雨之變，不與巽坎同體矣。

此雖為《易》象之辨，其說仍依於王弼得象忘言、得意忘象之義。蓋觀器、圓應皆為有限制之原則，故不足以達變，至六爻八卦，雖一畫而內涵至富，吉凶並彰，妙迹者即所蘊涵之意矣，而妙迹運化萬變；八卦者，實緣化之影迹，六爻者拘妙象之所寄，非刻板之一形一畫而已，故欲體會天地萬象盈虛變化之道，便不能拘於形象之實體，而須因形達變，因言見情，若繫器求之，則失矣，譬如王弼所言存象忘意，則一失其原，巧愈彌甚。此《論》中「唯化所適」之「化」，實言《易》本體之變動不居，而歸有無體用之化境，則是說雖僅言易象，其循弼之迹顯矣。《世說新語》中孫盛言南人學問清通簡要，支道林云：

聖賢固所忘言。自中人以還，北人看書，如顯處視月；南人學問，如牖中窺日。(〈文學篇〉第二十五條)

忘言者乃聖賢境界，通於「聖人體無」，中人以下，南方學問重在以約見意，其意燦如日暉，實較北人猶勝，則南人清通簡要之玄理雖未達忘言之境，然歸宗於忘言得意，亦見王弼學說影響之深刻也。

四、聖人有情論與易感論

何王二人貴無主張雖同，然於聖人有情無情問題卻持異議。《三國志・魏書・鍾會傳注》引何劭《王弼傳》云：

何晏以為聖人無喜怒哀樂，其論甚精，鍾會等述之，弼與不同，以為：「聖人茂於人者神明也，同於人者五情也。神明茂，故能體沖和以通無；五情同，故不能無哀樂以應物。然則聖人之情，應物而無累於物者也。今以其無累，便謂不復應物，失之多矣。」

何晏同於時人之說，主張聖人無情論，所依據者二，一為漢人陽善陰惡之說，一為漢魏間自然天道之說。漢代董仲舒以陰陽說性情，聖人純陽無陰，是以純仁善而無貪惡，然情者陰也，董氏云：

身之有性情也，若天之有陰陽也。言人之質而無情，猶天之陽而無陰也。(《春秋繁露》〈深察名號〉第三十五)

陰陽與情性相配，合於天道，然陽者仁，陰者貪，董氏云：

身之名取諸天，天兩，有陰陽之施，身亦兩，有貪仁之性。天有陰

陽禁，身有情欲袵，與天道一也。（同上）

《白虎通》可代表漢儒共有之思想，其論性情曰：

性情者何謂也，性者陽之施，情者陰之化也。人稟陰陽而生，故內懷五性六情，情者靜也，性者生也。（《德論》）

又引《鉤命決》曰：

情生於陰，欲以時念也，性生於陽，以就理也。陽氣者仁，陰氣者貪。

是性善情惡，論主二元。何晏順應其說，亦以情欲爲惡，聖人則德法天道，與寒暑同其變化，未嘗有心於寬猛，與四時推移，未嘗有心於喜怒；天道無情，聖人自亦無喜怒哀樂，融以時下流行之自然天道說，而主張聖人無情論。湯錫予先生依何晏之說，將人分聖、賢、庶三等，並云：

推平叔之意，聖人純乎天道，未嘗有情，賢人以情當理，而未嘗無情。至若眾庶固亦有情，然違理而任情，爲喜怒所役使而不能自拔也。〔註6〕

何晏主聖人無情，惟聖人與自然爲一，純理任性，至賢人則喜怒當理，固亦有情，其《論語集解·注》顏子「不遷怒」云：

凡人任情，喜怒當理，顏淵任道，怒不過分，遷者移也。怒當其理，不移易也。

賢人誠未能闇與理會，然居然體從，有情之至寡〔註7〕，則上企於聖，是以時人多有求虛靜之說，例：

司馬太傅齋中夜坐，于時天月明淨，都無纖翳；太傅歎以爲佳。謝景重在坐，答曰：「意謂乃不如微雲點綴。」太傅因戲謝曰：「卿居心不淨，乃復強欲滓穢太清邪？」（《世說新語·言語篇》第九十八條）

太清純虛明淨，透澈至無，實通聖人無情境界，微雲點綴則問情於世，未免於有，是以景重受譏於太傅。〈棲逸〉第六條云：

〔註6〕詳見湯錫予著〈魏晉玄學論稿王弼聖人有情義釋〉一文。

〔註7〕《世說新語·文學篇》第八十三條載王敬仁作《賢人論》，劉注云：《脩集》載其論曰：「或問『《易》稱賢人黃裳元吉；苟未能闇與理會，何得不求通？求通則有損，有損則元吉之稱將虛設乎？』答曰：『賢人誠未能闇與理會，然居然體從；比之理盡，猶一豪之領一梁。一豪之領一梁，雖於理有損，不足以撓梁。賢有情之至寡，豪有形之至小；豪不至撓梁，於賢人何有損之者哉？』」

阮光祿在東山，蕭然無事，常內足於懷。有人以問王右軍。右軍曰：「此君近不驚寵辱，雖古之沈冥，何以過此？」

不驚寵辱，則近於無情，是以右軍言其玄寂泯然，沈冥無迹也。

至王弼則以為聖人有情，與時人異，實為創見。其《與荀融書》云：

夫明足以尋極幽微，而不能去自然之性，顏子之量，孔父之所預在，然遇之不能無樂，喪之不能無哀。

顏淵死，子哭之慟，固自然之情，若道家逍遙無累之莊子，亦有喪妻之痛，《莊子．至樂篇》云：

莊子妻死，惠子弔之，莊子則方箕踞鼓盆而歌。惠子曰：「與人居，長子老身，死不哭亦足矣，又鼓盆而歌，不亦甚乎！」莊子曰：「不然。是其始死也，我獨何能無概然！察其始而本無生，非徒無生也而本無形，非徒無形也而本無氣。雜乎芒芴之間，變而有氣，氣變而有形，形變而有生，今又變而之死，是相與為春秋冬夏四時行也。人且偃然寢於巨室，而我噭噭然隨而哭之，自以為不通乎命，故止也。」

其妻始死之時，莊生豈能適然？然推至理以遺累，體悟自然之道，不以好惡內傷其身，故能無累。知喜怒哀樂之情，本人所固有，稟之自然，抑之則妨生，通之則無累，是以王弼曰：「而今乃知自然之不可革」（《致荀融書》），然聖人有情，卻不以情害性，能應物而無累於物，此其所以為聖，是為何王二人學說差異所在。

何王雖同主貴無，然何晏似未脫漢代宇宙論，將末有本無分為二截，故動靜亦遂對立；觀其以「無為」為用之方法論，廢動取靜，自不如王弼之體用一如，反本於無也。王弼討論性情，以動靜為基本概念，此點頗取於劉向之說。王充《論衡》云：

劉子政曰：「性生而然者也，在於身而不發。情接於物然者也，出形於外。形外則謂之陽，不發則謂之陰。」

情者出形於外，是以為陽，性者在身而不發，是以為陰。劉向持性陰情陽之說，以動靜論情性。又如《禮記．樂記》云：

人生而靜，天之性也，感於物而動，性之欲也。

《說苑》引〈樂記〉云：

夫民有血氣心知之性，而無哀樂喜怒之常，應感起物而動，然後心術形焉。

聖人情性皆具而不爲惡，故「性情相應，性不獨善，情不獨惡」〔註8〕，凡人心術形焉，實起於神明晦暗，五情不常，不可歸惡於情也。故情不出惡，聖人感物而動，同五情於常人，是有情也。王弼探動靜言性情，不主性善情惡，以爲性出天成，而情亦自然，動由靜生，情由性生，體用一如，不可分割。夫天地萬物以無爲本，「聖人茂於神明，故能體沖和以通無」，神明茂則智慧自備，能反本歸無，此乃就本體論而言；至五情同於常人，能以哀樂應物，是爲人事之用，《論語釋疑》曰：

> 夫喜懼哀樂，民之自然，應感而動，則發乎歌聲。（《皇疏》四）

又曰：

> 情動於中而外形於言，情正實而後言之不怍。（《皇疏》七）

是則聖之所以爲聖，實在於其神明茂，體至無，能應物而無累於物，應感而動，情正實而自然，則樂而不淫，哀而不傷也。

五情者因感而動，因動而變，《周易略例明爻通變》云：

> 變者何也？情僞之所爲也。夫情僞之動，非數之所求也。故合散屈伸，與體相乖，形躁好靜，質柔愛剛，體與情反，質與願違。

變則萬物運化，又沖和而復歸於虛靜至無。然「感」者變動之基也。前言王弼《易》理統宗會元，以至寡治眾，以無爲本，卦象中，論一卦之主爻，不以主爻之當位陰陽定，而重在爲其他爻所求，所歸往，亦即重在少者、寡者與簡者，所謂：

> 夫少者，多之所貴也；寡者，眾之所宗也。一卦五陽而一陰，則一陰爲之主矣；五陰而一陽，則一陽爲之主矣！夫陰之所求者陽也，陽之所求者陰也。陽苟一焉，五陰何得不同而歸之？陰苟隻焉，五陽何得不同而從之？故陰爻雖賤，而爲一卦之主者，處其至少之地也。（《周易略例・明象篇》）

此種由多之向于一，眾之向于寡，繁之向于簡而交會之變動，即由於「感應」，是以《易》以感應爲體，此旨實首發於王弼也。《易》重感應，則重〈咸卦〉，以咸即感也。《易經》曰：

> 〈彖〉曰：咸，感也。柔上而剛下，二氣感應以相與。

又曰：

> 天地感而萬物化生，聖人感人心而天下和平。觀其所感，而天地萬

〔註8〕此爲申鑒《雜言》下引劉向之說。

物之情可見矣。

王弼以「感」釋「咸」，言：「天地萬物之情，見於所感也。」，「以虛受人，物乃感應。」，又以感應論吉凶，云九四爻曰：

處上卦之初，應下卦之始，居體之中，在股之上。二體始相交感，以通其志，心神始感者也。凡物始感而不以之於正，則至於害，故必貞然後乃吉，吉然後乃得亡其悔也。

惜此種感應之說不爲時人所知，而附以陰陽象數，《世說新語．文學篇》第六十一條：

殷荊州曾問遠公：「《易》以何爲體？」答曰：「《易》以感爲體。」殷曰：「銅山西崩，靈鍾東應，便是《易》耶？」遠公笑而不答。

遠公實把握住王弼《易》中因感而動之精義，惜殷荊州不明其理，附以漢世陰陽氣類相感之說〔註9〕，是以遠公笑而不答。

王弼本體之無，並非死滯之虛無，其中實蘊涵有無限動力存在，動力之產生，在於天地萬物之感應，就人而言，則是五情之應物。有動力則變，變之因在於情僞之所爲，則情、感者，實推動天地生機之原力也。《世說新語．文學篇》第五十七條：

僧意在瓦官寺中，王苟子來，與共語，便使其唱理，便謂王曰：「聖人有情不？」王曰：「無。」重問曰：「聖人如柱邪？」王曰：「如籌算；雖無情，運之者有情。」僧意云：「誰運聖人邪？」苟子不得答而去。

「誰運聖人者邪？」運之者實原於聖人之根本性情也，運者有情，則聖人有情固矣，如是則聖人無情論不得成立，否則自相矛盾也。王弼承認聖人有情，無形中拉近凡聖之距離。謝安云：「賢聖去人，其間亦邇。」〔註10〕，則聖人不再爲槁木死灰，或高不可攀者，此學說對於魏晉時代文人之感情觀，頗具刺激作用。重玄理、求上達者，則言忘情；順自然、縱情慾者，則多情。忘

〔註9〕《世說》劉孝標注引《東方朔傳》云：漢武皇帝時，未央宮前殿鐘，無故自鳴，三日三夜不止。詔問太史待詔王朔，朔言恐有兵氣；更問東方朔，朔曰：『臣聞銅者山之子，山者銅之母；以陰陽氣類言之，子母相感，山恐有崩弛者，故鐘先鳴。《易》曰：「鳴鶴在陰，其子和之，精之至也。」其應在後五日內。』居三日，南郡太守上書言山崩，延袤二十餘里。」

〔註10〕《世說新語．言語篇》第七十五條：謝公云：「賢聖去人，其間亦邇。」子姪未之許。公歎曰：「若郗超聞此語，必不至河漢。」

情必先有情而後忘之，亦即求應物而不役於物，無累於物，《世說新語・棲逸篇》第十七條：

郗尚書與謝居士善，常稱：「謝慶緒識見雖不絕人，可以累心處都盡。」

又如〈任誕篇〉第四十七條：

王子猷居山陰，夜大雪，眠覺，開室，命酌酒，四望皎然。因起彷徨，詠左思〈招隱詩〉；忽憶戴安道。時戴在剡，即便夜乘小船就之。經宿方至，造門不前而返。人問其故？王曰：「吾本乘興而行，興盡而返，何必見戴？」

此種瀟灑行徑，又類見於同篇四十九條。〈任誕篇〉中許多逸事，今日看來固多荒誕不經，然卻是時人爲求無累於物，不問世俗人情之心態之表達。

顧敷云：「忘情故不泣，不能忘情故泣」〔註 11〕，泣者感物而爲物所役，然情欲既爲人類自然之性，忘之則難，是以時人轉而認同情欲。向郭逍遙適性之說應時流行，向秀《難叔夜養生論》云：

有性則有情，稱情則自然，若絕而外之，則與無生同，何貴於有生哉？且夫嗜欲，好榮惡辱，好逸惡勞，皆生於自然。

實與聖人有情論因緣相關。王弼不以情爲惡，向郭則順言適性，此「性」之定界易流於情、欲，故支遁反駁云：

若夫有欲當其所足；足於所足，快然有似天眞，猶飢者一飽，渴者一盈，豈忘烝嘗於糗糧，絕觴爵於醪醴哉？（支氏《逍遙論》）

向郭承認情欲之自然，上者忘情逍遙，下者沈溺於情感之中，《世說新語》記載甚多，〈傷逝篇〉第四條：

王戎喪兒萬子，山簡往省之，王悲不自勝。簡曰：「孩抱中物，何至於此？」王曰：「聖人忘情，最下不及情；情之所鍾，正在我輩！」簡服其言，更爲之慟。

「情之所鍾，正在我輩」正是魏晉文人多情之最好註腳。衛玠初渡江，形神慘悴，語左右云：「見此芒芒，不覺百端交集；苟未免有情，亦復誰能遣此？」〔註 12〕，悲喜傷懷油然而生，多情之人，又何能遣？是以面對萬里山河，感

〔註 11〕《世說新語・言語篇》第五十一條：張玄之、顧敷，是顧和中外孫，皆少而聰惠，和並知之，而常謂顧勝；親重偏至，張頗不懕。于時張年九歲，顧年七歲；和與俱至寺中，見佛般泥洹像，弟子有泣者，有不泣者。和以問二孫。玄謂：「彼親故泣，不親故不泣。」敷曰：「不然！當由忘情故不泣，不能忘情故泣。」

〔註 12〕詳見〈言語篇〉第三十二條。

慨對泣〔註 13〕，才子殞落，垂涕驢鳴〔註 14〕，若子猷、子敬兄弟，又情之至矣，《世說新語・傷逝篇》載：

> 王子猷、子敬俱病篤，而子敬先亡。子猷問左右：「何以都不聞消息？此已喪矣！」語時了不悲；便索輿來奔喪，都不哭。子敬素好琴，便徑入，坐靈牀上，取子敬琴彈；弦既不調，擲地云：「子敬，子敬，人琴俱亡！」因慟絕良久，月餘亦卒。(第十六條)

魏晉多多情之人，固是浪漫文人之生命情調，然視情感爲生命之本然，以爲眞情勝於虛僞之儀禮，若〈德行篇〉第十七條載：

> 王戎、和嶠同時遭大喪，俱以孝稱。王雞骨支牀，和哭泣備禮。武帝謂劉仲雄曰：「卿數省王和不？聞和哀苦過禮，使人憂之！」仲雄曰：「和嶠雖備禮，神氣不損；王戎雖不備禮，而哀毀骨立。臣以和嶠生孝，王戎死孝；陛下不應憂嶠，而應憂戎。」

〈德行篇〉第二十條：

> 王安豐遭艱，至性過人。裴令往弔之，曰：「若使一慟果能傷人，濬沖必不免滅性之譏。」

第四十六條：

> 孫僕射爲孝武侍中，豫蒙眷接烈宗山陵。孔時爲太常，形素羸瘦，著重服，竟日涕泗流漣，見者以爲眞孝子。

又如〈言語篇〉第八十九條：

> 簡文崩，孝武年十餘歲立，至暝不臨。左右啓：「依常應臨。」帝曰：「哀至則哭，何常之有。」

《曲禮》明言：「居喪之禮，毀瘠不形，視聽不衰；不勝喪，乃比於不慈不孝。」然王戎不免於譏，孔安國形素羸瘦，孝武哀至則哭，與古訓實相逕庭，此種任由情感流洩而不加節制之作風，雖有標異之嫌，然王弼之《聖人有情論》、向郭之適性說，當有間接暗示之效矣。

〔註 13〕〈言語篇〉第三十一條：過江諸人，每至暇日，輒相要出新亭，藉卉飲宴。周侯中坐而歎曰：「風景不殊，舉目有江河之異！」皆相視流淚。唯王丞相愀然變色曰：「當共戮力王室，克復神州；何至作楚囚相對泣邪？」

〔註 14〕《世說新語・傷逝篇》第三條：孫子荊以有才，少所推服，唯雅敬王武子。武子喪，時名士無不至者；子荊後來，臨屍慟哭，賓客莫不垂涕。哭畢，向靈牀曰：「卿常好我作驢鳴，今我爲卿作。」體似聲眞，賓客皆笑。孫舉頭曰：「使君輩存，令此人死！」

第二節　達莊思想及養生

《莊》論清談內容，今多難知，然《世說新語》中載有數條關於《莊》論之談座，《逍遙遊》、《漁父論》於前文中已爲引用，他如《齊物論》，《世說・文學篇》第六十二條載：

> 羊孚弟娶王永言女。及王家見婿，孚送弟俱往；時永言父東陽尚在，殷仲堪是東陽女婿，亦在坐。孚雅善理義，乃與仲堪道《齊物》。殷難之，羊云：「君四番後，當得見同。」殷笑曰：「乃可得盡，何必相同？」乃至四番後一通。殷咨嗟曰：「僕便無以相異！」歎爲新拔者久之。

《旨不至論》，〈文學篇〉第十六條載：

> 客問樂令「旨不至」者。樂亦不復剖析文句，直以麈尾柄确几曰：「至不？」客曰：「至。」樂因又舉麈尾曰：「若至者，那得去？」於是客乃服。樂辭約而旨達，皆此類。

羊孚與殷仲堪共道《齊物》，相持四番，惜內容闕如；旨不至者，《莊子・天下篇》有「指不至，至不絕」之語，《列子・仲尼篇》：「指不至」，張湛注：「夫以指不至者，則必因我以正物；因我以正物，則未造其極。唯忘其所因，則彼此玄得矣。」唐殷敬順云：「凡有所指，皆未至也。至則無指矣。」此皆玄學家辭頭之辯，與王弼所言「得意忘言」頗有異曲同工之妙，蓋指者言象也，至者本也，以指言至，則得象忘意，故曰：「旨不至」。

《世說新語》雖僅載清談事例，而討論之過程與內容鮮爲後人所知，然莊子思想影響於晉人言行者，卻分明可見。本文第一章曾言及道家思想對魏晉文人生活之影響，可分爲兩部份，一者道家之超越生命，落爲道教之養生，一者道家之達生觀，變成任誕悖俗之狂放，以下則分爲三目討論之。

一、逍遙無累與隱逸風氣

《莊子》一書於東漢末年漸受重視，至魏晉嵇阮時代尤達顛峯，此種潮流與政治社會黑暗，文人遭受迫害之因素關係最爲密切，而莊子恢宏遼濶之宇宙觀、逍遙曠達之人生觀，給予受害者心靈遁隱空間，與安身立命之精神支柱，再加以《易》《老》貴無思想風行，莊子曠放不羈，超邁縱逸之風格，便自然而然成爲時人崇拜與摹仿之對象。

道家思想本身本具有消極避世精神，老子以自隱無名爲務，其處世原則以不爭不營、寬柔愼退爲要旨，注重蹈光隱晦、塞兌閉門、守道無爲，其心中理想國度，乃：「小國寡民，使有什佰之器而不用。使民重死而不遠徙。雖有舟輿，無所乘之。雖有甲兵，無所陳之。使民復結繩而用之。甘其食，美其服，安其居，樂其俗。鄰國相望，雞犬之聲相聞，民至老死不相往來。」（八十章）之至樂安和社會，不與世爭，自然無爲。而莊子更承老子之旨，闡述推演，由入世爲用，轉而逍遙出世，「就藪澤，處閒曠，釣魚閒處，無爲而已矣。」（〈刻意篇〉）故賢者伏處大山堪巖之下，與自然冥合，乘天地之正，御六氣之辯，以遊无窮，是爲逍遙。傳楚威王聞莊周賢，仗厚幣迎之，許以爲相，莊周則心處無爲，寄跡綸釣，曰：

> 吾聞楚有神龜，死已三千歲矣，王巾笥而藏之廟堂之上。此龜者，寧其死爲留骨而貴乎？寧其生而曳尾於塗中乎？」二大夫曰：「寧生而曳尾塗中。」莊子曰：「往矣！吾將曳尾於塗中。」（〈秋水〉）

廟堂雖貴，莊生卻寧曳尾於塗中，逍遙快意，自適其性，視富貴爲妨生，比榮華爲腐鼠，其曾諷惠子曰：

> 南方有鳥，其名爲鵷鶵，子知之乎？夫鵷鶵，發於南海而飛於北海，非梧桐不止，非練實不食，非醴泉不飲。於是鴟得腐鼠，鵷鶵過之，仰而視之曰：「嚇！」今子欲以子之梁國而嚇我邪？」（同上）

是以王先謙曰：

> 余觀莊子甘曳尾之辱，卻爲犧之聘，可爲塵埃富貴者也。」（《莊子集解》序）

此種遁世隱逸精神，鄙富貴，輕榮華，以清高爲尙之觀點，於魏晉莊風盛行時代中，自然影響甚深，《世說新語．言語篇》第九條云：

> 南郡龐士元，聞司馬德操在潁州，故二千里候之。至，遇德操采桑，士元從車中謂曰：「吾聞丈夫處世，當帶金佩紫；焉有屈洪流之量，而執絲婦之事？」德操曰：「子且下車。子適知邪徑之速，不慮失道之迷。昔伯成耦耕，不慕諸侯之榮；原憲桑樞，不易有官之宅；何有坐則華屋，行則肥馬，侍女數十，然後爲奇？此乃許父所以慷慨，夷齊所以長嘆！雖有竊秦之爵，千駟之富，不足貴也。」

第七十六條云：

> 支公好鶴，住剡東峁山，有人遺其雙鶴；少時，翅長欲飛，支意惜之，乃鎩其翮。鶴軒翥不能復起，乃舒翼反頭視之，如有懊喪意。

林曰：「既有陵霄之姿，何肯爲人作耳目近玩？」養令翮成，置使飛去。

雖有竊秦之爵，千駟之富，不足爲貴，而鶴有陵霄之姿，不肯爲人作耳目近玩，正是《莊》意之引申也。〈文學篇〉第四十九條：

人有問殷中軍：「何以將得位而夢棺器，將得財而夢屎穢？」殷曰：「官本臭腐，所以將得而夢棺屍；財本糞土，所以將得而夢穢汙。」時人以爲名通。

〈規箴篇〉第九條：

王夷甫雅尚玄遠，常嫉其婦貪濁，口未嘗言「錢」。婦欲試之，令婢以錢繞牀，不得行。夷甫晨起，見錢閡行，謂婢曰：「舉阿堵物卻！」

則言行更爲偏頗，直視富貴爲糞土，口不言錢，更加強化《莊子》言論，而近異端。

隱逸作風古來皆有，然魏晉時代此風更熾，主要原因來自兩方面，一者乃漢末以降，政治社會動盪不安，二者老莊思想之抬頭。漢末連年乾旱，黃巾董卓之亂、三國鼎立、司馬篡位、八王之亂、永嘉南渡、五胡亂華、南北分裂接踵而來，政治黑暗，社會紛亂，此種時代背景，實是士大夫希企避世存身之根本原因。《後漢書・郭泰傳》載泰答友勸仕進者云：

方今運在明夷之爻，值勿用之位，蓋盤桓潛居之時，非在天利見之會也。雖在原陸，猶恐滄海橫流，吾其魚也，況可冒衝風而乘奔波乎？未若巖岫頤神，娛心彭老，優哉游哉，聊以卒歲。

《晉書・袁宏傳》

夫時方顛沛，則顯不如隱；萬物思治，則默不如語。

時方顛沛，隱居始能全身，是以棲逸山林，潔身自愛，與世隱離，方能免於世俗之是非恩怨，故隱居之行爲實具現實因素存在。《世說新語・識鑒篇》第十條：

張季鷹辟齊王東曹掾，在洛見秋風起，因思吳中菰菜羹、鱸魚膾，曰：「人生貴得適意耳，何能羈宦數千里以要名爵！」遂命駕便歸。俄而齊王敗，時人皆謂爲見機。

又：

嵇康遊於汲郡山中，遇道士孫登，遂與之遊。康臨去，登曰：「君才則高矣，保身之道不足。」（〈棲逸篇〉第二條）

孫登言康才多識寡，難乎免於亂世，據王隱《晉書》曰：

孫登，即阮籍所見者也；嵇康執弟子禮而師焉。魏晉去就，易生嫌疑，貴賤並沒，故登或默也。

知孫登之遺世，實爲保身全道，而其所謂「識」者，亦即「識時務者爲俊傑」之識，以能保身爲標準，晉人好以「識」譽人，多據此爲原則。嵇康終難免於難，遭呂安事，在獄爲詩自責云：「昔慙柳惠，今愧孫登。」以其有才無識，不用登言也。

阮籍則與嵇康不同。二人雖同主超脫，然嵇康道家修爲偏於形下之養生，阮籍則頗俱莊子浪漫縱逸之性格，騁想像以衝決網羅，奮迅翱翔以爲快，能與孫登意氣相融，呼嘯相應。〈棲逸篇〉第一條載：

阮步兵嘯，聞數百步。蘇門山中，忽有眞人，樵伐者咸共傳說。阮籍往觀，見其人擁膝巖側。籍登嶺就之，箕踞相對。籍商略終古，上陳黃、農玄寂之道，下考三代盛德之美，以問之；仡然不應。復敘有爲之外，棲神導氣之術，以觀之；彼猶如前，凝矚不轉。籍因對之長嘯。良久，乃笑曰：「可更作？」籍復嘯。意盡，退，還半嶺許，聞上𠹚然有聲，如數部鼓吹，林谷傳響。顧看，迺向人嘯也。

商略終古，敘有爲之外，棲神導氣之術，登皆不應，唯籍之嘯，韻響寥亮，先生乃逌爾而笑，長嘯相和。知言語商略，棲神導氣，仍礙於有，惟不言而嘯，盡意傳神，是以孫登應之。籍歸作《大人先生傳》，曰：

先生以爲中區之在天下，曾不若蠅蚊之著帷，故終不以爲事，而極意乎異方奇域。

又曰：

大人者，乃與造物同體，天地並生。逍遙浮世，與道俱成。變化散聚，不常其形。天地制域於內，而浮明開達於外。

明籍所在意者，乃莊子逍遙域外之境界，故曰：

必超世而絕羣，遺世而獨往，登乎太始之前，覽乎忽漠之初。慮周流於無外，志浩蕩而遂舒。細行不足以爲毀，聖賢不足以爲譽。

此則籍之所志存也。阮籍另有《達莊論》一文，主在闡發「天地與我並生，萬物與我爲一」之道理，能體會萬物一體之旨趣，則無處不逍遙，是以《達莊論》開首即標示逍遙遊之妙旨：

伊單閼之辰，執余之歲，萬物權輿之時，季黎遙夜之月，先生徘徊翱翔，迎風而遊，往遵乎赤水之上，來登乎隱坌之丘，臨乎曲轅之道，顧乎泱漭之州，洸然而止，忽然而休。

能洸然而止，忽然而休，故能「聊以娛無爲之心，而逍遙於一世」也。阮籍雖無法眞正遁隱山林，然有傲世情，不樂仕宦，或閉戶視書，累月不出，或登臨山水，經日忘歸，當其得意，忽忘形骸，了悟莊子逍遙無己之深趣，於魏晉「名士少有全者」時代，終能明哲保身，不爲所害也。

觀司馬德操、孫登、嵇康、阮籍等人之隱逸避世，出發點乃因對現實之不滿，藉莊說以自我解脫，於遁世思想中，難免帶有幾分激憤與反抗之氣，然其後名士少有此種深切悲痛之心情，卻亦倡言隱逸，其動機則在於當時「爲隱而隱」之觀念也。

蓋竹林名士造成隱逸之風，《莊》學大盛，後來文人慕其清高，且爲表達一己之玄遠風致，必自抗志塵表，希求隱逸。隱逸之憂患背景消失，成爲單純對隱居生活之崇高懷道，與逍遙超然之企羨。此種以隱逸爲高之觀念，普遍流行於士大夫之間，謝萬作《八賢論》，《世說新語》注引《中興書》：

萬善屬文，能談論。萬《集》載其敘四隱四顯，爲八賢之論：謂漁父、屈原、季主、賈誼、楚老、龔勝、孫登、嵇康也。其旨以處者爲優，出者爲劣。孫綽難之，以爲體玄識遠者，出處同歸。（〈文學篇〉第九十一條，又見《晉書．本傳》）

以處者爲優，出者爲劣，又如《世說．排調篇》載謝安：

太傅始有東山之志，後嚴命屢臻，勢不獲已，始就桓公司馬。于時人有餉桓公藥草，中有「遠志」，公取以問謝：「此藥又名『小草』，何以一物而有二稱？」謝未即答。時郝隆在坐，應聲答曰：「此甚易解：處則爲遠志，出則爲小草。」謝甚有愧色。桓公目謝而笑曰：「郝參軍此通乃不惡，亦極有會。」（第三十二條）

郝隆語中頗含譏諷，然「處則爲遠志，出則爲小草」，自以處爲高，出爲下矣。世人既以隱爲高，則不必心有憤懣，乃爲隱而隱，藉以提高聲名，隱居成爲時麾風尚，〈棲逸篇〉第五條：

何驃騎第四弟，以高情避世，而驃騎勸之令仕。答曰：「予第五之名，何必減驃騎？」何充位居宰相，權傾人生，而五弟何準散帶衡門，不及世事，于時名德皆稱之，則隱居所成之「名」，不亞於卿相也。〈棲逸篇〉第十一條：

康僧淵在豫章，去郭數十里立精舍，旁連嶺，帶長川，芳林列於軒

> 庭，清流激於堂宇。乃閑居研講，希心理味。庾公諸人多往看之，觀其運用吐納，風流轉佳。加處之怡然，亦有以自得，聲名乃興。後不堪，遂出。

第十五條：

> 郗超每聞欲高尚隱退者，輒爲辦百萬資，并爲造立居宇。在剡爲戴公起宅，甚精整；戴始往居，與所親書曰：「近在剡，如入官舍。」

康僧淵居於軒庭堂宇，閑心研講，希心理味，雖去郭數十里，旁長川連嶺之中，處之怡然自得，心境則與嵇阮諸人異矣，郗超尚隱退者，爲之辦居宇如官舍，顯見其於隱士之推重，而名士一隱，往往聲名俱興，成爲點綴時代清平、崇尚風流之象徵也。

據此而觀，本時期之隱逸，實非如范蔚宗所言：「甘心畎畝之中，憔悴江海之上」（《後漢書・逸民傳》序）而已，且可隱於華舍瓊林，與政要相往，甚且身居要職，言隱不慙。如是一來，誓必爲此種情形闢一番理論，以作說辭，於是流行所謂之「朝隱」，朝隱者，隱居於市朝也，《補史記滑稽列傳》云：

> （東方）朔行殿中，郎謂之曰：「人皆以先生爲狂。」朔曰：「如朔等所謂避世於朝廷間也。古之人乃避世於深山中。」時坐席中酒酣，據地歌曰：「陸沈於俗，避地金馬門，宮殿中可以避世全身，何必深山之中、蒿廬之下。」

說法之產生，固源於東方朔「大隱隱於朝」之觀念，然眞正造成此種風氣者，與當日玄風有密切關係。夫言象重在得意，逍遙貴乎適性；得意屬於一種精神狀態之滿足，雖身居朝市，若心神超然無累，不營世務，風神散朗，亦有山林之樂，同可曰隱，《世說新語・言語篇》第六十一條：

> 簡文入華林園，顧謂左右曰：「會心處不必在遠；翳然林水，便自有濠濮間想也。不覺鳥獸禽魚，自來親人。」

如是則自然名教合而爲一，本不必有出處之別，故孫綽以爲「體玄識遠者，出處同歸」（見前引），樂廣言：「名教中自有樂地」，此種融通，關鍵在於我心之是否得意適性，鄧粲曰：

> 夫隱之爲道，朝亦可隱，市亦可隱，初在我不在於物。（《晉書・本傳》）

《蓮社高賢傳周續之傳》曰：

或問身為處士，時踐王廷，何也？答曰：「心馳魏闕者，以江湖為枯槁；情致兩忘者，亦朝亦巖穴耳。」時號通隱先生。

隱之為隱，在心不在身，是以「竺法深在簡文坐，劉尹問：「『道人何以游朱門？』答曰：『君自見其朱門，貧道如游蓬戶』」耳。（見《世說・言語篇》第四十八條）王弼承認情感與生俱來，向郭主張不拗折本能性分，如是，過於矯厲刻苦、違反「自然」之遁隱，反而不受歡迎。桓公讀《高士傳》，至於陵仲子，便擲去，曰：「誰能作此溪刻自處？」（《世說・豪爽篇》第九條），溪刻者，用心深悶而行事苛刻不近情理也，過份做作而有沽名做假之嫌，是以桓公鄙之。

據《世說新語》載：

顧榮在洛陽，嘗應人請，覺行炙人有欲炙之色，因輟己施焉。同坐嗤之。榮曰：「豈有終日執之，而不知其味者乎？」（〈言語篇〉第二十五條）

雖記其德行仁心，亦可見其對人類基本慾望之尊重。如此則富與貴，皆人之所欲也，若故意棄之是違乎人情，然希企清高又為時所尚，自然與名教如何相融？於玄理上，向郭以逍遙適性解之；於生活上，名士即倡「朝隱」一詞，為出仕者解嘲，而為時人所認可也。

二、儒道衝突與名士之放誕

二種思想於融合之前，必定經過許多震盪與衝突，然後始能合而為一。自然、名教二種不同價值人生觀之揉合，亦是如此。何晏王弼二人於玄學之本體論上，以貴無思想貫通儒道；向郭二人於《逍遙義》上，以儒學糾正老莊，此二者皆可謂儒道相合期。然而本體理論之相通則易，若落實於現實人生中，二種截然相異之價值觀便造成衝突，行為思想因而失去依據，則徬徨無措，心神無定，或遁於道家之消極無為，或激憤世俗之險惡、政治之晦暗，或關心世情而無所寄託，如此時儒時道，行為趨於偏激怪誕，為世人所側目，是則自然名教之衝突期也。待向郭《莊注》一出，給予二種相違思想理論上之統一，衝突始歸於平靜，此後名士依此而行，率性而為，造成魏晉文人特殊之放誕風格。錢賓四先生於此頗有微詞，曰：

……向郭則自引近人，卻把儒家理論來自掩飾，自逃遁。既不能學儒家對政治社會積極負責，又不能如老莊對政治社會超然遠避，這是兩面俱不到家。……當時像王夷甫一輩人，便在這種理論下自滿

> 自得。向郭實不足爲莊子之功臣，卻不免爲兩晉之罪人。(《魏晉玄學與南渡清談》)

於向郭之責備深矣。

自然名教衝突之產生，基本上仍脫離不了政治干係。由於司馬氏代曹魏而起，曹操〈求才令〉中主張：

> 今天下得無有至德之人，放在民間，及果勇不顧，臨敵力戰。若文俗之吏，高才異質，或堪爲將守，負污辱之名，見笑之恥，或不仁不孝，而有治國用兵之術，其所舉所知，勿有所遺。(《魏武帝集》)

毀滅儒家仁孝之說，藉求逸才以打破當時握有重勢之士族門第，以法術治天下；司馬氏篡起，自然以攻擊其破壞仁孝倫常爲目標，加以其本身爲外廷士大夫之代表，與閹宦出身之曹氏自屬兩個不同之政治集團，士大夫大多是地方豪族，且多爲儒家之信徒，故爲鞏固自身政權與已得之利益，崇尚名教與重視門第家風成爲司馬氏主政所需要提倡之重要方針。

名教者，以名爲教，即以官長君臣之義爲教，亦即入世求仕者所宜奉行者也。儒家思想重視名分，其名教綱常之說可以維持穩定之社會關係，使上下有別，長幼有序，君臣父子皆各安其分，以禮教維繫社會之秩序，是以最爲當政者所歡迎，卻也因而成爲反對者所唾棄之目標，陳寅恪先生言：

> 在當時主張自然與名教互異之士大夫中，其崇尚名教一派之首領如王祥、何曾、荀顗等三大孝，即佐司馬氏欺人孤兒寡婦，而致位魏末晉初之三公者也。其眷懷魏室不趨赴典午者，皆標榜《老》《莊》之學，以自然爲宗。……然則當時諸人名教與自然主張之互異即是自身政治立場之不同，乃實際問題，非止玄想而已。(《陶淵明之思想與清談之關係》)

政治立場不同，造成自然與名教二大派別衝突，此乃外在世界事件，然而，當時名士之精神世界中，實亦包含此種潛在之矛盾，是又不得不涉及其思想背景及道家思想本身之缺陷也。

就當時名士本身所受之教育而言，道家學說是爲時代潮流，口不言道，似乎難與談座，然不可否認，於當世重視門第家風之傳承下，重孝道、精禮學之儒家精神，並未泯滅。儒道二學被運用於不同之場合，錢賓四先生云：

> 蓋當時人所采於道家言者，旨在求處世。而循守儒術，則重在全家保門第。(《略論魏晉南北朝學術文化與當時門第之關係》)

道家哲學用在處世以避禍端，儒家精義則能全家保門第，故門第中人用以訓誨子弟者，必重儒術、謹禮法，治家嚴整，《世說》云：

> 華歆遇子弟甚整，雖閒室之內，儼若朝典。陳元方兄弟恣柔愛之道。而二門之裏，兩不失雍熙之軌焉。(〈德行篇〉第十條)

華陳兩家門風家規不同，而各有雍熙之致。《晉書・孝友傳》序云：

> 晉代始自中朝，逮於江左，雖百六之災遄及，而君子之道未消。孝悌名流，猶爲繼踵。

司馬氏號稱以孝治天下，王祥山濤者，皆以事母至孝稱，於時朝野上下，蔚爲風潮，相以孝友爲譽，史籍載之多矣。

門第世族既以儒術持家，則子弟必深受儒學薰陶，雖以道學應世，然而基本觀念上已具有儒家思想之潛在因子，而當此種潛在因子與己身平日之言行相悖時，內心之衝突與矛盾自然產生。阮籍爲當時最反對禮教者，然據史載：

> 籍本有濟世志，屬魏晉之際，天下多故，名士少有全者，籍由是不與世事，酣飲爲常。(《晉書・本傳》)

又《世說・任誕篇》第九條：

> 阮籍當葬母，蒸一肥豚，飲酒二斗，然後臨訣，直言「窮矣！」都得一號，因吐血，廢頓良久。

籍性至孝，居喪雖不率常禮，而毀機滅性，知阮籍並非天生好道，實因現實環境逼迫，才以道自解，然其純孝與濟世之憂患，卻非道所能釋，是以內心憂鬱，藉詩詠懷也。夫道家思想由於缺乏個人內在道德性之建立，僅求其自由自在，自適其性，依無爲無執之路，向「虛一而靜」行，乃偏向於主觀狀態之主體，視儒家仁義禮智之善端爲外在，進而否認與排斥，遂使道家思想永遠無法接觸人之內在道德性，在現實生活中，此種與生俱來客觀之道德性，遂時時與道家思想相抵觸，產生時人對人生認知之困惑，於魏晉老莊盛行之時，造成自然與名教之衝突，成爲嚴重之時代病。是以牟宗三先生以爲：對於「自然與名教」衝突問題之解答，仍須從精神生活之發展上由《老》《莊》之教推進一步而爲之。而問題癥結之所在，即道家「內在道德性」一眞實主體之不立也。(詳見《才性與玄理》第十章)

至於儒家，則指點出眞正之道德生命，孔子講仁，孟子講性善，即克服道家所產生之缺陷，使內在道德性與外在之禮法達到統一，阮籍反對世俗虛浮之禮法，而內心實深得禮意，《世說・任誕篇》云：

阮籍遭母喪，在晉文王坐進酒肉；司隸何曾亦在坐，曰：「明公方以孝治天下，而阮籍以重喪，顯於公坐飲酒食肉，宜流之海外，以正風教！」文王曰：「嗣宗毀頓如此，君不能共憂之，何謂？且有疾而飲酒食肉，固喪禮也！」籍飲噉不輟，神色自若。(第二條)

又第七條：

阮籍嫂嘗還家，籍相見與別。或譏之。籍曰：「禮豈爲我輩設耶？」

第八條：

阮公鄰家婦有美色，當壚酤酒。阮與王安豐常從婦飲酒，阮醉，便眠其婦側。夫始殊疑之，伺察終無他意。

阮籍自有內在之道德標準，而不同於流俗也。此種對於一切流行觀念與習俗，皆抱持批判之態度，則其思想情感必具有高度之內心自覺，此所謂「達」者也。〈任誕篇〉第十三條載：

阮渾長成，風氣韻度似父，亦欲作達。步兵曰：「仲容已預之，卿不得復爾！」

劉注《竹林七賢論》云：

籍之抑渾，蓋以渾未識己之所以爲達也。

蓋籍之放達越禮，有其至情至性與人生哲學，阮渾未能深會而欲作達，徒具東施效顰之譏，是以籍抑之也。

然而阮籍無法阻止時代風尚之漸趨下流，竹林諸賢任誕在前，向郭《莊義》支持於後，荒誕不經遂成兩晉名士之特殊風格。

自竹林七賢以來，《莊》學最受歡迎，莊子自道體以觀萬物，脫離主觀，超越人情，使是非泯滅，偏見去除，「自其異者視之，肝膽楚越也。自其同者視之，萬物皆一也」(《德充符》)，通達於萬物一體、無成無毀。然而此種平齊是非、善惡、美醜以及一切依待、對待之曠達胸襟，卻爲晉人所誤解，向郭注《齊物論》「夫吹萬不同，而使其自己也」云：

自己而然，則謂之天然。天然耳，非爲也，故以天言之，所以明其自然也。

天然者，使其自己，當分各定，率性而動，不由心智。又《人間世》「福輕乎羽，莫之知載」注：

足能行而放之，手能執而任之；聽耳之所聞，視目之所見；知止其所不知，能止其所不能；用其自用，爲其自爲；恣其性內，而無纖

> 介於分外，此無爲之至易也。……率性而動，動不過分，天下之至易者也。

受到「自然」思想之影響，文人多以「率性」爲眞，簡文道王懷祖：「才既不長，於榮利又不淡；直以眞率少許，便足對人多多許。」（〈賞譽篇〉第九十一條）乃道盡時人心態，效竹林之放誕，各逞私慾，演變爲社會秩序、是非原則之破壞，行爲荒謬而自以爲達，有悖情理卻不以爲忤，雖曰「自然」，實是「矯然」，可謂「學之於形骸之外，去之所以更遠也。」（《世說新語‧德行篇》第十二條）嵇阮諸賢尚有眞性情，放達乃不得已之舉，王大曰：「阮籍胸中壘塊，故須酒澆之。」（〈任誕篇〉五十一條）至向郭之注，亦有一番理論；然晉室南遷後，多士索性以放蕩自娛，胸中既無壘塊，亦無縝密之思想，惟求率眞，《世說》云：

> 王子猷嘗行過吳中，見一士大夫家，極有好竹；主已知子猷當往，乃灑埽施設，在聽事坐相待。王肩輿徑造竹下，諷嘯良久，主已失望，猶冀還相通，遂直欲出門。主人大不堪，便令左右閉門不聽出。王更以此賞主人，乃留坐，盡歡而去。（〈簡傲篇〉第十六條）

主人以禮相待，子猷以爲虛僞，怡然不屑；待其不堪，令左右閉門，是則眞性情之流露，反而留坐盡歡。此雖爲雅事，卻無雋永之深味可言，故錢賓四先生曰：

> 但此種意味，清而不深，如一潭秋水，沒有波瀾壯濶魚龍出沒之觀。還不能像嵇康阮籍，還有火烈的眞性情。清談家如盆景花卉，雖亦有生命，有意態，只根盤不大，培壅太薄，沒骨幹，沒氣魄，不好算是眞性情，因此也經不起大風浪，不能奮鬪，易爲外物所累。強要任情，反轉成爲矯情，不夠眞，不夠率，這是清談家直接向郭以來之毛病。（《魏晉玄學與南渡清談》）

更次者，言行粗鄙而不以爲鄙，反倒以此自攀於名士之列，例阮咸追婢，純賴私慾〔註 15〕，祖車騎使健兒鼓行刦鈔，而世不以爲怪〔註 16〕，是無視於是非公理而妄爲；周顗穢雜無檢節，竟自諒曰：「吾若萬里長江，何能不千里一曲？」〔註 17〕，溫公發口鄙穢，庾公曰：「太眞終日無鄙言」〔註 18〕，以重其

〔註 15〕見《世說新語‧任誕篇》第十五條。
〔註 16〕見同前第二十三條。
〔註 17〕見同前第二十五條。
〔註 18〕見同前第二十七條。

達，又如：

> 殷洪喬作豫章郡，臨去，郡人因附百許函書。既至石頭，悉擲水中，因祝曰：「沈者自沈，浮者自浮；殷洪喬不能作致書郵。」（〈任誕篇〉三十一條）

爲求任性率眞，棄道德責任而不顧，與竹林放達之風，又差遠矣。莫怪乎王孝伯曰：「名士不必須奇才，但使常得無事，痛飲酒，孰讀《離騷》，便可稱名士。」（〈任誕篇〉五十三條），《晉書》載戴安道論隱遁曰：

> 故鄉愿似中和所以亂德，放者似達所以亂道。然竹林之爲放，有疾而爲顰者也；元康之爲放，無德而折巾者也。可無察乎？

可謂言中時弊矣。

三、服藥養生與對生命之執著

魏晉人有兩大嗜好，一則飲酒，一則服藥。飲酒者藉酒精之麻醉以產生幻覺、超脫現實，於肆意酣暢中達到逍遙浮世，物我冥合之境界；此派人多縱任不拘，忽忘形骸，如劉伶縱酒放達，脫衣裸形於屋中，而曰：「我以天地爲棟宇，屋宇爲幝衣。」（〈任誕篇〉第六條）酒精在此成爲達到形神相親之激素，飲酒正可突破物我界線，求得超越之實踐；張季鷹云：「使我有身後名，不如即時一桮酒。」（〈任誕篇〉第二十條）畢茂世云：「一手持蟹螯，一手持酒桮；拍浮酒池中，便足了一生。」（〈任誕篇〉第二十一條）更代表魏晉部份文人沈浸於酒池，消極避世之人生態度。另一派人卻好服藥行散，此派人與前者雖同好《老》《莊》，然修養處世之態度卻截然不同。服藥者講究清虛靜泰，少思寡欲，嵇康云養生有五難，曰：

> 名利不滅，此一難也；喜怒不除，此二難也；聲色不去，此三難也；滋味不絕，此四難也；神慮轉發，此五難也。五者必存，雖心希難老，口誦至言，咀嚼英華，呼吸太陽，不能不迴其操，不夭其年也。五者無於胸中，則信順日濟，玄德日全，不祈喜而有福，不求壽而自延，此養生大理之所效也。（《答難養生論》）

名利、喜怒、聲色、滋味、神慮，皆能刺激欲望之產生，是以去之始能天年延壽，神理自全。服藥者雖須藉酒以使藥力發散，卻不得過量，以免傷生，故此派人少有縱酒者。

魏晉時代服藥行散風氣之盛行，固與道家思想擡頭有關，劉申叔先生於

《國學發微》中，嘗析論道家養生與神仙方術之說，曰：

> 道家特重養生，以本爲精，以物爲粗，澹然獨與神明俱，自外其形骸，不得不崇其眞宰。自老子言谷神不死，而莊列之流，皆以身處濁世，或有厭棄塵世之懷。往往託言仙術，以自寄其思，此道家之書所由託言仙術也。（第六頁）

然神仙道教之勃興，其影響更爲直接，而造成養生方術之流行，神仙之境乃成爲養生最高之理想。

夫養生，旨在求壽命之延長，甚或達到神仙境地，《養生論》爲過江三論之一，爲當時清談之主題，嵇康於此《論》中曾提及此點，曰：

> 世或有謂神仙可以學得，不死可以力致者，或云：上壽百二十，古今所同，過此以往，莫非妖妄者，此皆兩失其情，請試粗論之。夫神仙雖不目見，然記籍所載，前史所傳，較而論之，其有必矣。似特受異氣，禀之自然，非積學所能致也。至於導養得理，以盡性命，上獲千餘歲，下可數百年，可有之耳，而世皆不精，故莫能得之。(《養生論》)

嵇康以爲神仙特受異氣，體質超乎尋常之人，不可學不可致，與仙骨之說、值仙宿則仙之論，同爲當時神仙道教徒解釋神仙不經見之神秘理論，既承認神仙之存在，又釋其不可學之因。然常人雖不可達神仙之境，但獲數千歲之壽卻可力爲，其方法端在養生，導養得理、輔養以通，可盡性命矣。

養生方法，可分精神與生理二等範疇，原始道家偏重養神，斥養形之方士，《莊子・刻意篇》云：

> 吹呴呼吸、吐故納新，熊經鳥申，爲壽而已矣，此導引之士、養形之人，彭祖壽考者之所好也。若夫不刻意而高，無仁義而修，無功名而治，無江海而閒，不導引而壽，無不忘也，無不有也，澹然無極，而眾美從之，此天地之道、聖人之德也。

兩漢方術則以養形爲主，《漢志》著錄之方術圖籍，若醫藥、導引、行氣之類，雜廁並列，爲早期中國衛生術之發展期，亦是嵇康養形說產生背景。嵇康雖家世儒學，然其長好老莊，恬靜無欲，性好服食，常採御上藥，自足於懷抱之中，是精神之養與形軀之養兼而爲一，既重視內在精神自由之發揮，又重外在個體生命之延長，爲魏晉方士化名士之典型。嵇康論形神關係云：

> 精神之於形骸，猶國之有君也，神躁於中，而形喪於外，猶君昏於上，國亂於下也。(《養生論》)

形神二者相依相存，而精神尤能控制生理機能，嵇氏舉例云：

> 夫服藥求汗，或有弗獲，而愧情一集，渙然流離；終朝未餐，則囂然思食，而曾子銜哀，七日不飢；夜分而坐，則低迷思寢，內懷殷憂，則達旦不瞑；勁刷理鬢，醇醴發顏，僅乃得之，壯士之怒，赤然殊觀，植髮衝冠。(同上)

然而形軀之養亦可影響精神，善於養形可助精神之修練，云：

> 夫爲稼於湯之世，偏有一溉之功者，唯終歸於燋爛，必一溉者後枯，然則一溉之益，固不可誣也。(同上)

因此嵇康肯定二者之關係，云：

> 是以君子知形恃神以立，神須形以存。悟生理之易失，知一過之害生，故修性以保神，安心以全身。愛憎不棲於情，憂喜不留於意，泊然無感，而體氣和平。又呼吸吐納，服食養生，使形神相親，表裏俱濟也。(同上)

形神相親、表裏俱濟，自然可以體妙心玄，樂足身存，以與羨門比壽，王喬爭年，是知養神養形之最終目的，仍以延年益壽、企及神仙之境爲依歸矣。

嵇康論養生，消極義乃在否定物欲文明之誘惑，以免物欲交攻於心，造成傷生，云：

> 世人不察，惟五穀是見，聲色是耽，目惑玄黃，耳務淫哇，滋味煎其府藏，醴醪鬻其腸胃，香芳腐其骨髓，喜怒悖其正氣，思慮銷其精神，哀樂殃其平粹。夫以蕞爾之軀，攻之者非一塗，易竭之身，而外內受敵，身非木石，其能久乎？(同上)

認爲嗜欲雖出於人，而非道之正，不可順欲而得生。惟「清虛靜泰，少思寡欲，知名位之傷德，故忽而不營，非欲而彊禁也；識厚味之害性，故棄而弗顧，非貪而後抑也」(《養生論》)，承認欲望之存在，以引導方式，指示通向寡欲、無欲之路，若強行禁欲堵塞，反而爲有心之用，蓋「彊禁抑貪」之欲望，同樣傷生也。

積極義方面則爲精神形軀之輔養。《養生論》云：

> 外物以累心不存，神氣以醇白獨著，曠然無憂患，寂然無思慮。又守之以一，養之以和，和理日濟，同乎大順。

嵇康以老子守一、信順、大順之說，及莊子「和與恬交相養，而和理出其性」(〈繕性篇〉)守之養之，以達心性修養之高境，是其養神方面取諸於道家者也。嵇氏云：

> 君子識智以無恒傷生，欲以逐物害性，故智用則收之以恬，性動則糾之以和，使智上於恬，性足於和，然後神以默醇，體以和成，去累除害，與彼更生，所謂不見可欲，使心不亂者也。

養形方面嵇康重視服藥，嘗云：

> 豆令人重，榆令人瞑，合歡蠲忿，萱草忘憂，愚智所共知也。薰辛害目，豚魚不養，常世所識也。蝨處頭而黑，麝食柏而香，頸處險而癭，齒居晉而黃，推此而言，凡所食之氣，蒸性染身，莫不相應，豈惟蒸之使重，而無使輕，害之使暗，而無使明，薰之使黃，而無使堅，芬之使香，而無使延哉！故神農曰：上藥養命，中藥養性者，誠知性命之理，因輔養以通也。(《養生論》)

據張華《博物志》引《神農經》載：

> 上藥養命，謂五石之練身，六芝之延年也；中藥養性，謂合歡蠲忿，萱草忘憂也；下藥治病，謂大黃除實，當歸止痛。

是爲嵇康說之源。「性命」二字，指天生所當稟受之命，至於藥物則爲導養之所資。魏晉時代最流行之養生藥物，自是以五石所練之五石散，又名寒食散，其主要之原料乃紫石英、白石英、赤石脂、鍾乳、石硫黃等五石，是以名之。《世說新語・言語篇》第十四條載何晏云：

> 服五石散非唯治病，亦覺神明開朗。

又注引秦丞祖《寒食散論》云：

> 寒食散之方雖出漢代，而用之者寡，靡有傳焉。魏尚書何晏首獲神效，由是大行於世，服者相尋也。

由於何晏之提倡，加以寒食散本身可使人神明開朗，面色紅潤，增加姿容之美，身輕行動如飛，憑添俊朗之風采，最重要者，服食導引可使生命延長，誠如嵇康所云：「上獲千餘歲，下可數百年」也，是以魏晉名士莫不趨之若鶩。嵇康爲竹林七賢中，唯一精於服食者，然當時名士好此道者，卻不在少數，人人冀想成仙延年，其心理動機則不可忽視也。

魏晉之際，政治紊亂，生命毫無保障，名士於感嘆生命虛無之餘，更產生對死亡恐懼心理，儒家思想規避對於死亡之探討，曰：「未知生，焉知死」，自不能滿足名士心理之需要，道家齊生死之化解，唯眞正逍遙齊物者能之，時人雖好此道，然達者少矣。生死界線無法突破，唯有執著於生命之追求；「修服食」、「採藥石」，為求增加生之長度；「我卒當以樂死」(《晉書．王義之書》)、「拍浮酒池中」，放縱於生活之享樂，乃塡實生命之密度，皆是對形神俱滅之死亡產生恐懼心理之反應也。《世說新語．文學篇》第一百零一條：

> 王孝伯在京行散，至其弟王睹户前，問古詩中何句為最，睹思未答。孝伯詠「所遇無故物，焉得不速老」，此句為佳。

正可透露出當時人服藥之心理因素也。此種恐懼心理惟待佛教神不滅之報應輪迴說加入，始能獲得解脫。是以佛教於當時社會發生大影響，絕非格義佛學之附和而已，其輪迴理論開脫時人對於生死之困惑，給予心靈寄託與安頓，始造成南北朝時代流行之大風潮，自有其原因存在。

然而魏晉時代最流行者仍是道教。道教針對延長生命而作解決，以服食、神仙作依歸，是以魏晉時代瀰漫一股追求長生成仙之風氣。孫恩世奉五斗米道，據會稽後號其黨人曰「長生人」，信仰之徒眾甚多，是以造成大亂。瑯琊王氏世奉天師道，據《世說新語．言語篇》第七十條注引《晉安帝紀》曰：

> 凝之事五斗米道。孫恩之攻會稽，凝之謂民吏曰：「不須備防，吾已請大道，許遣鬼兵相助，賊自破矣。」既不設備，遂為恩所害。」

其迷信至此。至子敬病篤，亦以道家上章應首過〔註 19〕案《隋書．經籍志道經》有消災度厄之法。依陰陽五行術數推人年命，書之如章表之儀，并具贄幣，燒香陳讀，云：「奏上天曹，請為陳厄。」是謂上章。知子敬病篤，依道教儀式行事也。此時因服藥傷生之例亦多，社會上流行之寒食散藥性毒烈，能治癆傷諸症，亦能害人，必按方法服食：

> 凡是五石散，先名寒食散，言此散宜寒食，冷水洗取寒，唯酒欲清熱飲之，不爾，即百病生焉。〔註 20〕

然魏晉時代，自何晏以下，士大夫不問疾否，以服五石散為風流，隋巢元方《諸病源候總論》卷六〈寒食散發候篇〉云：

> 皇甫謐云：寒食藥者，世莫知焉，或言華佗，或曰仲景：(張機)。……及寒食之療者，御之至難，將之甚苦。近世尚書何晏，耽好聲色，始服此藥；心加開朗，體力轉強。京師翕然，傳以相授，歷歲之困，皆不終朝而愈。眾人喜於近利者，不覩後患，晏死之後，服者彌繁，

〔註 19〕《世說新語．德行篇》第三十九條：「王子敬病篤，道家上章應首過；問子敬由來有何異同得失？子敬云：『不覺有餘事，惟憶與郗家離婚。』」

〔註 20〕見孫思邈《千金翼方》二二解石及寒石散並下石論。

> 於時不輟。余亦豫焉。或暴發不常，夭害年命。是以族弟長互，舌縮入喉；東海王良夫，癰疽陷背；隴西辛長緒，脊肉爛潰；蜀郡趙公烈，中表六喪；悉寒食散之所為也。

然世人猶不能以之為戒，受害者多。亦有信道過甚，逕服符籙者，《世說新語．術解篇》第十條載：

> 郗愔信道甚精勤，常患腹內惡，諸醫不可療。聞于法開有名，往迎之。既來，便脈云：「君侯所患，正是精進太過所致耳。」合一劑湯與之。一服，即大下，去數段許紙如拳大，剖看，乃先所服符也。

是時道教思想不僅存在於服食養生方面，對於書法藝術、人物品鑒亦有影響。魏晉時代善書法者頗眾，如：

> 韋仲將能書，魏明帝起殿，欲安榜，使仲將登梯題之。既下，頭鬢皓然，因敕兒孫：「勿復學書。」（〈巧藝篇〉第三條）
>
> 羊長和博學工書，能騎射，善圍碁。諸羊後多知書，而射、奕餘藝莫逮。（〈巧藝篇〉第五條）

書法多為家世相傳之藝術，陳寅恪先生以為與道教畫符有密切關係，云：

> 道家學經及畫符必以能書者任之，故學道者必訪尋眞跡，以供摹寫。適與學書者之訪尋碑帖無異，是書法之藝術實供道教之利用。（《天師道與濱海地域之關係》）

東晉王郗家族，世代信奉天師道，其書法藝術亦往往家世相傳，而為南朝之冠，《南齊書》三十三卷〈王僧虔傳〉載僧虔論書之語云：

> 郗愔章草亞於右軍，郗嘉賓草亞於二王。

又《世說．方正篇》載王子敬拒題版事云：

> 太極殿始成，王子敬時為謝公長史，謝送版，使王題之。王有不平色，語信云：「可擲箸門外。」謝後見王曰：「題之上殿何若？昔魏朝韋誕諸人，亦自為也。」王曰：「魏祚所以不長。」謝以為名言。（第六十二條）

王郗二家，書法冠古絕今，與道教之關係，陳寅恪先生辯之詳矣。至道教以神仙為期，時下人物品鑒遂多以神仙聲譽；《世說新語．容止篇》第二十六條：

> 王右軍見杜弘治，歎曰：「面如凝脂，眼如點漆，此神仙中人。」時人有稱王長史形者，蔡公曰：「恨諸人不見杜弘治耳。」

第三十三條：

王長史爲中書郎，往敬和許。爾時積雪，長史從門外下車，步入尚書省，著公服。敬和遙望，歎曰：「此不復似世中人。」

〈企羨篇〉第六條：

孟昶未達時，家在京口。嘗見王恭乘高輿，被鶴氅裘。于時微雪。昶於籬間窺之，歎曰：「此眞神仙中人！」

頗可注意者，《世說》中所載數條，皆屬王氏中人或其好友，王氏奉天師道，則其友之譽人譽己，亦以神仙自許，影響之迹不亦顯乎？

第三節　般若佛學之研討

漢世佛教依道術而立，其戒律修持與道家全身養生之術相似，神靈不滅之說又得以比附道教神仙之不死，是以時人多以道術視之。湯錫予先生云：

佛教自西漢來華以後，經譯未廣，取法祠祀。其教旨清淨無爲，省欲去奢，已與漢代黃老之學同氣。而浮屠作齋戒祭祀，方士有祠祀之方。佛言精靈不滅，道求神仙卻死。相得益彰，轉相資益。（《漢魏兩晉南北朝佛教史》第四章）

關於佛教修持養生之說，魏晉時代仍然多沿其說，以守意安般爲禪法，配以道家養氣吐納，成爲養生論者重要之依據，如嵇康曾有「守之以一」（《養生論》）之說，湯氏頗疑其取自佛經也〔註21〕。至《世說新語．文學篇》載：

佛經以爲袪練神明，則聖人可致。簡文云：「不知便可登峯造極不？然陶練之功，尚不可誣。」（第四十四條）

亦著眼於修養論而言。然隨經典翻譯日盛，對佛理之認識日深，支讖、安世高諸人之大力譯經，逐漸引導僧伽走向佛理之探討。乍視佛說，與《老》《莊》之學頗有相通，遂相比附；暢言格義，適逢玄風，僧伽與坐清談，佛學遂爲中土所接受，並大行於世。此時南方佛學可分爲二大系統，一爲安世高之禪學，偏於《小乘》；一爲支讖之《般若》，乃《大乘學》。湯錫予先生曾分析此二者之異，曰：

安世高康僧會之學說，主養生成神。支讖支謙之學說，主神與道合。前者與道教相近，上承漢代之佛教。而後者與玄學同流，兩晉以還所流行之佛學，則上接二支。明乎此，則佛教在中國之玄學化，始

〔註21〕詳見湯著《漢魏兩晉南北朝佛教史》第五章。

於此時實無疑也。(《漢魏兩晉南北朝佛教史》第六章)

養生成神之《小乘》學，於魏晉玄風之下，較受忽略而逐漸衰微，《般若》學說卻藉本無思想而大暢，成爲魏晉時代研究佛學之主要經典。

關於《般若》性空本無之說，有所謂六家七宗之分法，然後人言各家名稱頗有出入，湯錫予先生據劉宋曇濟著《六家七宗論》，考其名目與人物，云：

六　家	七　宗	主　張　之　人
本　無	本　無	道安性空宗義
	本無異	竺法深　竺法汰　（竺僧敷）
即　色	即　色	支道林　（郄超）
識　含	識　含	于法開　（于法威　何默）
幻　化	幻　化	道壹
心　無	心　無	支愍度　竺法蘊　道恒　（桓玄　劉遺民）
緣　會	緣　會	于道邃

據僧叡《毘摩羅詰提經義疏》序記載：

自慧風東扇，法言流詠以來，雖日講肄，格義迂而乖本，六家偏而不及。

所言六家，當即曇濟所言者。同時期釋僧肇作《不眞空論》，其中曾提及本無、即色、心無三家，作爲主要批判對象，所以以之爲破，當亦因此三宗具有代表性意義也，是故湯氏歸納之云：

六家七宗，蓋均中國人士對於性空本無之解釋也。道安以靜寂說眞際。法深法汰偏於虛豁之談。其次四宗之分馳，悉在辨別心色之空無。即色言色不自色，識含以三界爲大夢。幻化謂世諦諸法皆空。三者之空，均在色也。而支公力主凝神。于法開言位登十地。道壹謂心神猶眞。三者之空，皆不在心神也。與此三相反，則有《心無義》。言無心於萬物，萬物未嘗無，乃空心不空境之說也。至若緣會宗既引滅壞色相之言，似亦重色空。綜上所說，《般若》各家，可分三派。第一爲二本無，釋本體之空無。第二爲即色識含幻化以至緣會四者，悉主色無。而以支道林爲最有名。第三爲支愍度，則立心無。此蓋恰相當於《不眞空論》所呵之三家。觀於此，而肇公破異計，僅限三數，豈無故哉。(《漢魏兩晉南北朝佛教史》第九章)

六家七宗既可歸納爲本無、即色、心無三家，茲以之爲目，闡述其說也。

一、本無宗

廣義而言，本無幾爲《般若》學之別名，蓋性空本無義與清談玄學相合，然細分六家，則本無一宗自有其異於他家之論也。

本無宗，諸章疏之說法不一，慧達《肇論疏》、《中論述義》屬之道安；元康《肇論疏》、淨源《中吳集解》、及文才之新疏，則屬諸竺法汰；慧達《肇論疏》又引慧遠《本無義》。吉藏《中觀論疏》、安澄《中論疏記》則以道安明本無，而別從曇濟《六家七宗論》，以竺法汰爲本無異宗，是本無義初有兩家。然本無異宗執「實無」，直以有無之無釋空，與道安空寂之說，截然爲二〔註22〕，而僧叡云：

> 格義迂而乖本，六家偏而不即。性空之宗，以今驗之，最得其實。（毗摩羅詰堤經義疏序）

性空之宗，即道安之學，六朝時代，道安爲斯教重心，是言本無宗自當言及道安性空宗義也。

道安爲晉世高僧，實行潛光，高而不名，能發揮佛陀精神，堅苦卓絕，全不藉清談之浮華，《世說・雅量篇》載：

> 郗嘉賓欽崇釋道安德問，餉米千斛，修書累紙，意寄殷勤。道安答，直云：「損米，愈覺有待之爲煩。」（第三十二條）

所載雖僅一條，卻見其襟懷遠大、體器弘簡之風標。與支道林之浮談清辯、交結名流，相距不啻千里。

正始玄風飇起，《般若方等》因頗契合而極見流行，道安兼擅內外，研講窮年，於法性宗之光大，居功厥偉。《中論疏因緣品》敘安公本無云：

> 什師未至，長安本有三家義。一者釋道安明本無義，謂無在萬化之前，空爲眾形之始。夫人之所滯，滯在未（末）有，若詑（宅）心本無，則異想便息。安公本無者，一切諸法，本性空寂，故云本無。此與《方等》經論，什肇山門義，無異也。

無在萬化之前數語，乃出於曇濟《六家七宗論》，《名僧傳抄曇濟傳》，引之較詳，曰：

〔註22〕詳見湯著《漢魏兩晉南北朝佛教史》第九章。

> 著《七宗論》，第一本無立宗，曰：「如來興世，以本無弘教。故《方等》深經，皆備五陰本無。本無之論，由來尚矣。何者。夫冥造之前，廓然而已。至於元氣陶化，則羣像禀形。形雖資化，權化之本，則出於自然。自然自爾，豈有造之者哉。由此而言，無在元化之先，空爲眾形之始。故稱本無。非謂虛豁之中，能生萬有也。夫人之所滯，滯在末有，宅心本無，則斯累豁矣。夫崇本可以息末者，蓋此之謂也。」云云。

安公所謂之「無」，實非有無之無，言「無在元化之先，空爲眾形之始」，以無爲法性本體，強調一切諸法本性空寂，不異於當時玄學家貴無派之說；文中所用「自然自爾，豈有造之者哉。」直如出諸郭象《莊注》，若非曇濟所附益，則更見其說受玄學之影響；蓋此時期玄學，已由貴無、崇有發展至「自然」，佛學之「本無」亦與「自然」說相合也。本無宗以法性空寂爲目的，說明萬物並非實有，只屬一種陶化形像，其原初本是空無，所謂「夫冥造之前，廓然而已。至於元氣陶化，則羣像禀形，形雖資化，權化之本，則出於自然。」以物性空寂作基礎，達到不執末有，虛心淨靈之境，其旨實與《老》《莊》學說相通也。

然安公既爲一宗教家，自非空談本無而已；本無之旨，更當有一積極意義存在，即滅異想也。蓋人之所以有執，在於執著「末有」，若置心於「本無」，則執著於「末有」之異想亦將平息，故曰：「夫人之所滯，滯在末有，若宅心本無，則異想便息也。」（見前引）是謂「崇本息末」、「照本靜末」。湯錫予先生評道安《合放光光讚隨略解》序曰：

> 道安之狀般若法性，或可謂爲常之至極，靜之至極歟！至常至靜，故無爲，故無著，故解無爲曰淵默，曰泊然不動。……故自安公視之，常靜之極，即謂之空。空則無名無著，兩忘玄莫，隤然無主。由是而據眞如，遊法性，冥然無名。由是而癡除而塵垢盡。除癡全慧，則無往而非妙，千行萬定，莫不以成。藥病雙忘，輟迹齊泯。故空無之旨在滅異想。舉吾心擴充而清淨之，故萬行正矣。凡此常靜之談，似有會於當時之玄學。雖安公曾斥格義，……然融會佛書與《老》、《莊》、《周易》，實當時之風氣，安公之學說似仍未脫此習也。（《漢魏兩晉南北朝史》第九章）

道安融會玄學而標「滅異想」之目的，又較玄學家之空談踏實，是又關乎其學攝《小乘》禪法及務本務實之涵養，以及偉大之宗教胸懷也。

二、即色義

即色宗以支道林爲代表人物，支遁於清談界之地位，直追何王向郭，可謂爲一代盟主；談論優劣，時人多請其品評，《世說・文學篇》第四十二條：

> 支道林初從東出，住東安寺中。王長史宿構精理，并撰其才藻，往與支語，不大當對；王敍致作數百語，自謂是名理奇藻。支徐徐謂曰：「身與君別多年，君義言了不長進。」王大慙而退。

又如第四十三條：

> 殷中軍讀《小品》，下二百籤，皆是精微，世之幽滯。嘗欲與支道林辯之，竟不得。今《小品》猶存。

支公理致精微，論意深奧，曾講《三乘》，易懂難言，《世說》載云：

> 《三乘》佛家滯義，支道林分判，使《三乘》炳然；諸人在下坐聽，皆云可通。支下坐，自共說，正當得兩，入三便亂。今義弟子雖傳，猶不盡得。（〈文學篇〉第三十七條）

而支公最重要之論解，自屬《即色義》也。《世說・文學篇》第三十五條云：

> 支道林造《即色論》，論成，示王中郎；中郎都無言。支曰：「默而識之乎？」王曰：「既無文殊，誰能見賞。」

關於《即色論》義，劉注引《支道林集妙觀章》云：

> 夫色之性也，不自有色；色不自有，雖色而空。故曰色即是空，色復異空。

夫認識上之色，乃名想概念之色，非色自己所構成，故本身並非色，非色，亦即是空。故曰「色不自有，雖色而空。」然色與空又自不同。色本身有其自相，事物之差別乃由其不同性質所造成，並非由於人「色」之而有不同，色自有其假有性質存在。安澄《中論疏記》云：

> 此師意云：細色和合，而成粗色。若爲空時，但空粗色，不空細色。望細色而粗色不自色。故又望黑色而是白色，白色不白色，故言即色空，都非無色。若有色定相者，不待因緣，應有色法。又粗色有定相者，應不因細色而成。此明假色不空義也。

安澄指此爲關內《即色義》，言色雖無自性，需待因緣和合而成，雖曰空，仍有其形像可稱其爲色，可謂空性而不空形，承認物有假有之存在，亦由於其假有之性質，始成其為不實在。關內《即色義》為何人所主，今不得知，然其說與支公《即色義》同主不空假名〔註23〕，安澄《疏記》復引《述義》云：

> 其製《即色論》云：「吾以為『即色是空，非色滅空』。斯言至矣！何者？夫色之性，不自有色。色不自有，雖色而空。知不自知，雖知恒寂。」然尋其意，同不眞空。正以因緣之色，從緣而有，非自有故，即名為空，不待推尋，破壞方空。既言夫色之性，不自有色，色不自有，雖色而空。然不偏言無自性邊，故知即同於不眞空也。

《述義》以為「同於不眞空者」，乃惑於即色性空之名，而不知其猶不空假名，前引《世說注》云：

> 「色即為空，色復異空」，其說則更深一層，強調色異於空，認識上之色既是非色、假象、空，則空之外當有「自相」色之存在也。支道林之缺點，即在於未將事物之自相、共相統一以理解空性。

僧肇評其：

> 即色者，明色不自色，故雖色而非色也。夫言心者，但當色即色，豈待色色而復為色哉？（《不眞空論》）

即是以「自相」之角度，批評支公由「共相」言色之片面性也。呂澂先生言：

> 總之，僧肇批評「即色宗」有兩個錯誤：一個是把色看成是概念化的結果，單純從認識論上來理解空性；另一個是不了解所謂非色，色空，也就是假有之意；沒有假有，也無所謂空。這是由于當時的《般若》理論有了全面的介紹，認識到緣生為空的道理：諸法既是緣起，是假有，同時也就是空，不實在；決不可以在緣起、假有之外，概念化之後，才有所謂空。（《中國佛學思想概論》第三章）

呂澂先生以為支公並未辨明共相之色與自相之色，僅從認識論上論證空性，而沒有配合緣起法來作理解，是以遭受僧肇之批評。然自支公《即色論》言「色復異空」上分析，支公當亦窺知此差異，惟此時羅什中觀學說尚未傳入，支公未曾以理證明言之，遂造成名（共相）、相（自相）之混淆。否則直曰「色復異空」句非支公所識，乃他人看法，則落於武斷也〔註24〕。

〔註23〕見何啓民先生著《魏晉思想與談風》第九章〈玄釋之交融〉。

〔註24〕呂澂先生著《中國佛學思想概論》第一章云：「所謂『色復異空』，就是反過來再強調色之有異於空：認識上的色既是非色、假象、空，也就這樣來說空之外還有色。這些說法是否就是支道林自己的看法，還值得研究。因為《妙觀章》是《道林集》的，其中包括著別人的說法，不一定就是他本人的意見。」

三、心無宗

《世說新語・假譎篇》第十一條：

> 愍度道人始欲過江，與一傖道人爲侶，謀曰：「用舊義往江東，恐不辦得食。」便共立「《心無義》」。既而，此道人不成渡，愍度果講義積年。後有傖人來，先道人寄語云：「爲我致意愍度，《無義》那可立？治此計，權救饑爾；無爲遂負如來也。」

傖道人事未必即實，但據此，《心無義》乃支愍度所立，當屬無疑，陳寅恪先生於《支愍度學說考》中考之甚詳，茲不贅言。此條記載中將時下僧人以格義釋佛典之心理表露無疑。蓋爲得江東名士所接受，「舊義」不得稍作權變，以「無義」作講，配合當時玄學風潮，始能傳授。然意義本身，已脫離釋典精神，故傖道人致意愍度：「治此計，權救饑爾；無爲遂負如來也。」今據《世說》劉注載舊義：

> 種智是有，而能圓照，然則萬累斯盡，謂之空無，常住不變，謂之妙有。

「是有」原作「有是」，當改過。而《無義》者曰：

> 種智之體，豁如太虛，虛而能知，無而能應，居宗至極，其唯無乎？

新義脫化於王弼何晏貴無之迹甚顯，亦格義之一例。觀舊義尚存佛典西來原意，將《般若》視作一切種智無所不知，因而是有。而新義以無爲說，認爲心體是無，如太虛；虛而能知，無而能應，以玄學作解，不可爲新。是以僧肇破之云：

> 心無者，無心於萬物，萬物未嘗無。此得在於神靜，失在於物虛。

元康《肇論疏》上釋此節云：

> 今肇法師亦破此義。先敘其宗，然後破也。「無心萬物，萬物未嘗無」者，謂經中言空者，但於物上不起執心，故言其空。然物是有，不曾無也。「此得在於神靜，失在於物虛」者，正破也。能於法上無執，故名爲得。不知物性是空，故名爲「失」也。

當此之時，破《心無義》者非僧肇一人，與支愍度同時或稍後已有人反駁之，《高僧傳》載：

> 時沙門道恒，頗有才力，常執《心無義》，大行荊土。汰曰：「此是邪說，應須破之。」乃大集名僧，令弟子曇一難之，據經引理，析駁紛紜。恒仗其口辨，不肯受屈；日色既暮，明旦更集。慧遠就席，

設難數番，關責鋒起。恒自覺義途差異，神色微動，麈尾扣案，未即有答。遠曰：「不疾而速，杼柚何爲？」座者皆笑矣。心無之義，於此而息。（卷五〈竺法汰傳〉）

知時人已知心無義附會玄學之不妥當，故羣起攻之。《肇論》同樣據此評《即色論》之論點，批評《心無論》。言心無之得在於神靜，其失在於物虛，主觀智慧能至空寂，然若言物亦虛無而忽略其假有，即是錯誤。蓋僧肇接受龍樹中觀之學，以「中」解空，《中論》三是偈云：

因緣所生法，我說即是空，亦爲是假名，亦是中道義。

一方面是「空」、是「非有」，是「無」，一方面是「假」、是「非無」、是「有」，空假有無合而爲一，始構成空義。龍樹之學既是空與假有之統一，以之批評重無之心無新義，自然能得其失。心無說表面上雖無人言及，然骨子裏仍具玄學血統，實是佛學傳入中國，藉格義以爲說之最佳實例也。

兩晉時代《般若》學說主要之三家，大抵介紹於此，然此時佛典初傳，高僧名士精於釋書者頗多，非僅道安、道林、愍度三人而已，僅《世說新語》及其注載，即有：于法開、康僧淵、康法暢、高麗道人、高坐道人、佛圖澄、慧遠、釋曇翼、僧意、僧彌、僧伽提婆、僧肇、竺法汰、法虔、竺法深、法岡道人、法勝、道壹道人、及上述三人等，可謂高僧雲集，至於當時名士，亦多與佛學接觸，殷中軍爲最精者，《世說》載：

殷中軍被廢東陽，始看佛經。初視《維摩詰》，疑《般若波羅蜜》太多；後見《小品》，恨此語少。（〈文學篇〉第五十條）

又如〈文學篇〉第四十八條：

殷、謝諸人共集。謝因問殷：「眼往屬萬形，萬形入眼不？」

所討論者當屬當時流行之《即色論》問題，據《成實論》曰：

眼識不待到而知虛塵，假空與明，故得見色。（劉孝標注引）

謝問而殷無答，疑是闕文，然討論之重心，同是「色不自有，雖色而空」之《即色》理論。「眼往屬萬形」者，萬形因眼見而呈現！是爲「色」，然「萬形入眼不？」即是探究萬事萬物是否爲「空」之問題，謝安發出此疑問，乃懷疑「有」、「無」二者界線之存在，觸及所謂之「假有」問題。萬形（假有）原本存在，惟入眼不入眼始決定其「色」，謝安作此問，可能已對即色主張之「色即爲空，色復異空」有所解釋，惜乎下文爲闕也。

《世說新語》又載：

> 汰法師云：「『六通』、『三明』同歸，正異名耳。」（〈文學篇〉第五十四條）

據曇濟《六家七宗論》以竺法汰屬本無異宗，唐元康《肇論疏》，則謂肇公《不眞空論》所斥之《本無論》，及法汰之說。然法汰以有無之無釋空，與道安實有不同。據《中論疏記》曰：

> 二諦《搜玄論》十三宗中，本無異宗，其製《論》曰：「夫無者，何也？壑然無形，而萬物由之而生者也。有雖可生，而無能生萬物。故佛答梵志，四大從空生也。」

湯錫予先生評曰：

> 此宗謂萬物從無而生，其所謂無者不詳其實義。然觀其所謂「壑然無形」，又引「四大從空而生」，似亦偏空色法，而心神而爲無形者，則似不空心神也。（《漢魏兩晉南北朝佛教史》第九章）

湯氏未舉實例，然《世說》此條正可爲法汰不空心神之明證。蓋六通者，天眼通、天耳通、身通、他心通、宿命通、漏盡通也。三明者，《俱舍論》云：

> 一曰宿住智證明，即六通宿命通也。二曰生死智證明，即天眼、天耳、他心、神境通也。三曰漏盡智證明，即漏盡通也。

六通三明實異名而同歸，然義歸何處？天眼、天耳、身通、他心通、漏盡五者之所以能通，在於心之明也。宿命則爲過去心之明，天眼能發未來之智，爲未來心之明，六通之所以明，皆在於心也，是以劉注引《經》曰：「解脫在心，朗照三世也」。心神不空，且貫串三世，故竺法汰以爲說矣。

至於僧俗相往，對話之雋語妙言者，數亦不少，如〈言語篇〉第四十一條：

> 庾公嘗入佛圖，見臥佛，曰：「此子疲於津梁。」于時以爲名言。

引喻雖妙，卻頗有譏諷僧佛接引渡人之慈悲胸懷，〈文學篇〉第四十六條：

> 殷中軍問：「自然無心於稟受。何以正善人少，惡人多？」諸人莫有言者。劉尹答曰：「譬如瀉水著地，正自縱橫流漫，略無正方圓者。」一時絕歎，以爲名通。

若依佛理而言，必就善惡因果以爲答，然此處引郭象《莊注》塊然自生、自然而成爲善惡作解，誠缺少一份匡救世人之責任意識，〈輕詆篇〉第二十五條：

> 王北中郎不爲林公所知，乃著《沙門不得爲高士論》；大略云：「高士必在於縱心調暢，沙門雖云俗外，反更束於教，非情性自得之謂也。」

更指明僧伽與「名士」之分別，名士以情性自得爲傲，不務俗事，缺乏自律修養與道德襟抱，王氏雖以之批評沙門，更見其識見涵養之淺也，與「廉者不求，貪者不與」〔註 25〕之沙門高德相較，相距不亦遠乎？

〔註 25〕《世說新語·言語篇》第五十二條：康法暢造庾太尉，握麈尾至佳。公曰：「此至佳，那得在？」法暢曰：「廉者不求，貪者不與，故得在耳。」

第五章　人物品鑒與文學批評

第一節　藝術精神之品鑒

人物品鑒之形成及蔚成風氣，本文首、二章曾詳細言之，茲不復論。本節所言當在魏晉時代人物品鑒之獨特處，亦即其品鑒態度，大不同於昔賢論人者，乃根於此時代之人物品鑒者，多以藝術之精神品人，以客觀化之美學欣趣作為判斷準則，不復以道德品行、骨相稟氣評斷人之美惡。是種態度擴展時人眼界與胸懷，對於生命之滲透乃更具廣大之涵蘊及深遠之強度，於中國全幅人性了悟之學問中，具有其特殊之意義及價值。〔註1〕

凡人群相接，對人物之品評分類自然產生。孔子論人，依其才性而分德行、言語、政事、文學四科，依其資質而分上智、中人、下愚三等〔註2〕，其觀人之法，曰：

> 視其所以，觀其所由，察其所安，人焉廋哉！人焉廋哉！（《論語・為政篇》）

〔註 1〕牟宗三先生於《才性與玄理》第二章：〈「人物志」之系統的解析〉中云：「這全幅人性的學問是可以分兩面進行的：一、是先秦的人性善惡問題：從道德上善惡觀念來論人性；二、是『《人物志》』所代表的『才性名理』：這是從美學的觀點來對於人之才性或情性的種種姿態作品鑒的論述。」又云：「在品鑒的論述下，才性並無一個更高的層面來冒之。它可以全幅舒展開。因此顯出它的函義之廣大。而吾人亦可以全幅展開，而觀其底蘊。這是『美學性的品鑒』之解放的意義。」

〔註 2〕《論語・陽貨篇》：「唯上知與下愚不移。」〈雍也篇〉云：「中人以上，可以語上也；中人以下，不可以語上也。」

孟子觀人，更提出觀其眸子與知言之說，曾謂：

存乎人者，莫良乎眸子。眸子不能掩其惡。胸中正，則眸子瞭焉；胸中不正，則眸子眊焉。聽其言也，觀其眸子，人焉廋哉！（〈離婁上篇〉）

又言：

詖辭知其所蔽；淫辭知其所陷；邪辭知其所離；遁辭知其所窮。（〈公孫丑上篇〉）

以爲言語眼神，可探知人心之善惡邪正，從而論定人情。荀子依人進學積善之程度，分人爲小人、士、君子、聖人四品〔註 3〕，又順其才能，「譎德而定次，量能而授官，皆使人載其事而各得其宜」（《荀子・君道篇》），凡此分等列品，皆一以道德品行爲其依據，落實於人之內心，是從道德上之善惡論人；此種批評觀念一向立於中國人物評鑒之主流地位，沿革至今。

另一種批評觀則是以「才性」論人，以才性論人，古來即有，孔子論人雖重德行，但也意識到各人皆有其不同之才能與性格，故孔子教育主張因材施教。既然「因材施教」，最終目的乃在「教化」、「教育」成有德行之人，「材」僅是分類之依據，而非品評之目標。至漢魏兩晉時代，以才品人，則正式承認「才」之差異性，並以「才」所能發揮之極致，作爲品評之標準，不再一味以德行相苛求。此二種批評觀於態度上實有所不同。由於道德標準已退居幕後，不再以既定之準則品鑒，才性領域因而全幅舒展，不受道德之拘束，正可顯出其涵義之廣大而觀其底蘊，此種客觀性之美學品鑒，於魏晉時代，可謂獲得充分之發揮，成爲中國人物品鑒少有之特殊風格。

品人重才性，所謂「氣質之性」，於漢代與魏晉又有截然不同之意義。漢世陰陽五行思想盛行，天地萬物稟氣而生，人類自不例外。此種「氣化宇宙論」之思想因子，落至現實人生之品鑒，自然產生命定之說。董仲舒以爲性稟天而成，王充亦言「用氣爲性，性成命定」（《論衡・無形篇》），由氣所稟之厚薄來定性之善惡賢愚，甚且及於富貴貧賤，〈率性篇〉云：

稟氣有厚泊，故性有善惡也。……人之善惡共一元氣，氣有少多故性有賢愚。

又曰：

至於富貴，所稟猶性。所稟之氣，得眾星之精。眾星在天，天有其

〔註 3〕詳見《荀子・儒效篇》。

象。得富貴象，則富貴。得貧賤象，則貧賤。故曰在天。(〈命義篇〉)

性命既稟之於天，固非人力之所及，是推其究竟，終歸命定。宿命之說既成，據所稟之體性骨相，推求命理，可得其命祿之美惡壽夭，王充曰：

文王在母身中，已受命也。王者一受命，内以爲性，外以爲體。體者面輔骨法，生而稟之。(〈初稟篇〉)

故王充又有〈骨相篇〉，討論相人之術。此種相人術非但對魏晉人物品鑒風潮有激起作用，所根據之理論亦常常爲時人所引用。若《世說新語・言語篇》第十五條載：

嵇中散語趙景眞：「卿瞳子白黑分明，有白起之風；恨量小狹。」

〈識鑒篇〉第六條：

潘陽仲見王敦少時，謂曰：「君蜂目已露，但豺聲未振耳。必能食人，亦當爲人所食！」

〈賢媛篇〉第十二條：

王渾妻鍾氏，生女令淑，武子爲妹求簡美對而未得。有兵家子，有儁才，欲以妹妻之，乃白母。曰：「誠是才者，其地可遺；然要令我見。」武子乃令兵兒與群小雜處，使母帷中察之。既而，母謂武子曰：「如此衣形者，是汝所擬者非邪？」武子曰：「是也。」母曰：「此才足以拔萃，然地寒；不有長年，不得申其才用。觀其形骨必不壽，不可與婚。」武子從之。兵兒數年果亡。

如此相人，不以其德行、言行觀之，純以初稟之體相論斷善惡，實衍漢世性成命定之說也。

然此種材質主義決定命運之說，於魏晉時代終非主流。魏晉品人早已突破相命之侷限，純粹以藝術化之觀點，將人物品鑒視作一種美學之鑒賞。漢末魏初之時，人倫識鑒尚有「循名責實」、「察舉取士」之現實包袱，作爲品人依違根據；至兩晉以來，則純爲品人而品人，視人爲一藝術品，作美學之直覺觀照，抖落現實羈絆，開發出人物評鑒之新境界。

此種新境界之開成，與玄學思想風行有相當大之關連。劉卲作《人物志》，對於人物之品鑒，已作有系統之論述。是書雖僅兩卷十二篇，然分析人物才性，鞭闢入裡，以人物爲主作深入研究，庶幾於政治上獲得合乎條件之理想人選，選賢舉能，各適其位。所謂「人物」，據錢賓四先生言，乃：

《人物志》主要在討論人物，物是品類之義。將人分成許多品類，

遂稱之爲「人物」。(《略述劉邵人物志》)

此是就其內容而言。蓋劉邵將人分成十二「流」，即所謂之「流品」，依不同之性格，不同之才能分類，才性不同，可成就之事類亦不同，打破昔人道德爲上之觀點，重新訂定品類之標準，是以名之曰「人物」。然而就其批判「人」之態度而言，所謂「人物」，實可解釋爲「以人爲物」之意。觀劉邵評人，莫不將人視作物品，自各方面作犀利、客觀之分析，美學、欣趣之品鑒，牟宗三先生曰：

每一「個體的人」皆是生命的創造品，結晶品。他存在於世間裏，有其種種生動活潑的表現形態或姿態。直接就這種表現形態或姿態而品鑒其源委，這便是「《人物志》」的工作。這是直接就個體的生命人格，整全地、如其爲人地而品鑒之。這猶之乎品鑒一個藝術品一樣。(《才性與玄理》第二章)

以人作爲藝術品加以鑒賞品味，不作主觀偏頗之個人判斷，是《人物志》順著才性品鑒，所開出人格上之美學原理與藝術境界。

以美感觀點照品鑒生命個體，其注意力自然孤立化、集中化，並非停留於物之表面，而是通過可見之形、可見之才，發現內在不可見之性，洞察到人物內在之精神本質，以通向自然之心。漢代觀人之方法，根本上爲相法，由外貌差別推知體內五行之不同，劉邵《人物志》猶存此風，然王充已察覺到形體觀人自有其不足之處，〈骨相篇〉云：

相或在內，或在外，或在形體，或在聲氣。察外者遺其內，在形體者亡其聲氣。

而郭林宗、許子將之批評人物，也已留意到神味之品評，至劉邵則正式提出觀察精神爲鑒識之最高原則。《人物志・九徵篇》云：

夫色見於貌，所謂徵神；徵神見貌，則情發於目。

又云：

物生有形，形有神精；能知精神，則窮理盡性。

形不盡神與瞻形得神之旨，乃成爲漢末以來捨具體事象而求抽象原理之精神表現。此種鑒人態度與當日盛行之言不盡意思想相互影響。言不盡意、得意忘言爲魏晉玄學之根本方法，湯錫予先生以爲「言意之辨起於識鑒」(詳見湯著〈言意之辨〉一文)，然而識鑒人倫卻更因言不盡意思想之刺激，而愈趨於抽象神理之意會。蓋言不盡意說以爲形骸粗迹，乃神之所寄，精神於象外，故能抗志塵表；精神既超越材質之有形以表現其蘊涵，自非有形限制之語言所能傳達，故魏晉品鑒人物，十分重視精神氣象之觀照，以直覺品味得其神韻，得其清虛簡遠；此種由超脫而致之明靜之心，正是藝術發見之主體，主體以虛靜應照萬物，是爲美感觀照所俱備之精神狀態，亦同於莊子所謂之「心齋」、「坐忘」。事實上近代美學之研究，探索到最高境界時，亦只能歸於玄學家所謂之「無」、「一」、「玄」。徐復觀先生於《中國藝術精神》一書中，引用薛林（Schelling 1775～1854）之說法，曰：

> 最顯著的例子是薛林的《藝術哲學》(Philosophie der kunst)，他想在宇宙論地存在論上，設定美和藝術。他把存在所以有差別相的原因，歸之於展相。展相有三：第一展相是「實在地形成的衝動」；第二展相是「觀念地內面化的衝動」；二者都是差別化的展相。第三展相則是無差別的，是將世界、萬有、歸入於「絕對者」的展相。而可以給美及藝術以基礎的，正是此第三展相。(第二章〈中國藝術精神主體之呈現〉)

蓋美學及藝術之基礎，乃將世界、萬有皆歸入於一，是絕對而無差別之展相，朱光潛先生曰：

> 美感經驗是一種聚精會神的觀照。我祇以一部分「自我」——直覺的活動——對物，一不用抽象的思考，二不起意志和慾念；物也祇以一部分——它的形相——對我，它的意義和效用都暫時退避到意識域之外。我祇是聚精會神地觀賞一個孤立、絕緣的意象，不問它和其他事物的關係如何。(《文藝心理學》第五章)

又曰：

> 在聚精會神地觀賞一個孤立絕緣的意象時，我們常由物我兩忘走到物我同一，由物我同一走到物我交注於無意之中，以我的情趣移注於物，以物的姿態移注於我。(同前)

心物對立既然消失，自然能夠主客融合，產生「天地萬物與我爲一」之超脫，超越有限物象之局限，於捕捉到某種深遠意趣之刹那間，擺脫昔日概念，而伸向無限宇宙、歷史、人生之領悟。此乃「得意忘言」、「言不盡意」玄理用以說明美感觀照之特點也。陶淵明〈飲酒詩〉之四云：

> 採菊東籬下，悠然見南山；山氣日夕佳，飛鳥相與還。此中有眞意，欲辨已忘言。

正是美感經驗中「得意忘言」之最佳註腳。今查《世說新語》中載及當日人物品鑒之雋語妙言，多以簡短扼要寥寥數字品題，正見其礙於精神風姿之無法具體形容，惟以義蘊廣泛之抽象言語目之，或藉外物比喻以爲象徵之表證也。由此可知，言不盡意論與美學思想二者之根源與境界，實有其共通之處。葉朗先生於《中國美學史大綱》一書中指出：

> 魏晉南北朝美學的發展，深受魏晉玄學的影響。在一定意義上可以說，魏晉南北朝的美學的自覺，就是在魏晉玄學的啓示下發生的。（第九章〈魏晉南北朝美學〉上）

識鑒人倫既與言意玄學相互影響，其以藝術態度追求美感境界之超越，不能不受玄學思想之啓發。

另一方面，魏晉名士對於莊子其人之崇拜與摹仿，又使藝術品味之對象由他人轉向自己，由無我變成有我融入其中，關鍵便在於莊子人格生命所散發出來之藝術特質，深刻吸引住魏晉名士，竹林七賢以莊子爲「大人先生」之範本，《莊子》書中至人、神人、眞人成爲名士嚮往之理想；當時盛行之隱逸之風、任誕格調無一不爲尋覓莊子人生境界而表現。聞一多先生曾指出，莊子畢生寂寞，直到漢代仍舊默默無聞，然而到魏晉，卻情勢大變：

> 一到魏晉之間，莊子的聲勢忽然浩大起來，崔譔首先給他作注，跟著向秀、郭象、司馬彪、李頤都注《莊子》。像魔術似的，莊子忽然占據了那全時代的身心，他們的生活、思想、文藝——整個文明的核心是莊子。他們說「三日不讀《老》《莊》，則舌本間強。」尤其是《莊子》，竟是清談家的靈感的泉源。從此以後，中國人的文化上永遠留著莊子的烙印。（《聞一多全集》第二卷〈古典新義〉、《莊子》）

魏晉名士對於莊子之醉心、傾倒，自然不自覺地摹仿莊子之丰姿神采，而莊子所追求之道，與其人格、人生呈現之情調，卻是藝術人生之最高表現，徐復觀先生云：

> 莊子所追求的道，與一個藝術家所呈現出的最高藝術精神，在本質上是完全相同。所不同的是：藝術家由此而成就藝術地作品，而莊子則由此而成就藝術地人生。莊子所要求、所待望的聖人、至人、神人、眞人，如實地說，只是人生自身的藝術化罷了。（《中國藝術精神》第二章）

是以名士不時以追求此種藝術化之人生爲目標，動靜舉止無不爲求能表達莊子之神味氣韻，雖然缺少莊子那一份深遠澄澈之修養境界，然而刻意表露之風采，終究能夠捕捉到瞬間之美感，對於中國藝術精神之體悟與實踐，總算是向前邁開了一大步。

第二節　品鑒之標準與方式

《世說新語》一書收集魏晉時代名士之言行佚事，對於人物品鑒之搜羅更是豐富，是以討論此時代人倫鑒識之發展與實況，《世說新語》不啻爲最佳之材料。唐君毅先生曾對此書品鑒之態度略加分析，云：

> 《世說新語》首卷之載其時人之〈德行〉、〈言語〉、〈政事〉、〈文學〉，此乃初不出孔門四科之遺者。然其後諸卷之言其時人之〈雅量〉、〈識鑒〉、〈賞譽〉、〈品藻〉、〈規箴〉、〈寵禮〉、〈企羨〉，即純就人之能包容了解，而欣賞讚美此不同才性之人格，而即以此見其爲人之德者。其〈豪爽〉、〈容止〉、〈自新〉之篇，則記當時人對天生之才之讚賞者。〈傷逝〉之篇，則言對所交游之人格之懷念。餘如其〈任誕〉、〈簡傲〉之篇紀個性強之人格任才傲物之事。〈排調〉、〈輕詆〉、〈假譎〉、〈黜免〉之篇，則紀不同形態人格之相詆誹、相黜免、而假飾以相交之事。至于〈儉嗇〉、〈汰侈〉、〈忿狷〉、〈讒險〉、〈尤悔〉、〈紕漏〉、〈惑溺〉、〈仇隙〉諸篇，則紀人之不德之事與情，唯足資談助爲鑑戒者。總而言之，則此《世說新語》，乃代表魏晉以降人對人之表現才德性情之事，有多方面之包容、了解、品鑒、讚賞之書。(《中國哲學原論・原道篇》)

《世說新語》乃記人之書，對於人性多采多姿之裸現，能夠兼容並蓄，加以分類採納記錄，實際上已視人物品鑒爲一種藝術欣賞之對象，其以大量而具體生動之材料，反映魏晉名士審美趣味與風尚，於中國文學史、藝術史上自有重大影響。清代劉熙載曾言：

> 文章蹊徑好尚，自《莊》《列》出而一變，佛書入中國又一變，《世說新語》成書又一變。(《藝概》、《文概》)

吾人自《世說新語》中能見到時人人物品藻自實用、道德之角度，轉向審美觀點，亦能見到山水自然之美被運用到人物品鑒之比喻上，同時，吾人可深刻體味時人品藻人物時，皆抱持一種要求超越有限物象，追求玄妙境界之審美心胸，此種審美意識，深刻影響到日後文學藝術之發展也。

本節討論魏晉人物品鑒之標準時，乃以時間縱向爲軸；蓋人類思想隨時代改變而不斷翻新，人物品鑒標準亦因時而異；而其品鑒原則不外自內在之情性，外在之神采，及才能之類別三方面加以探討，茲融三者於時代中討論之，然而《世說新語》中資料豐富，實無法一一列舉，唯各列舉數條，即可知其梗概。

翻閱《世說新語》中品鑒人物之條，可深切體會到書中品人標準隨時代之轉移而異，大抵上可分作三段時期，第一期爲漢魏之世，第二期爲兩晉之際，第三期則是東晉偏安之後期。

一、漢魏之世

漢代末世由於受到察舉制度逐漸失實之影響，逐漸產生一種不論於形式、內容、標準上，皆與以往截然不同之人物品鑒方式，如《世說新語・德行篇》第三條：

> 郭林宗至汝南造袁奉高，車不停軌，鸞不輟軛；詣黃叔度，乃彌日信宿。人問其故？林宗曰：「叔度汪汪，如萬頃之陂；澄之不清，擾之不濁，其器深廣，難測量也。」

第七條：

> 客有問陳季方：「足下家君太丘，有何功德，而荷天下重名？」季方曰：「吾家君譬如桂樹生泰山之阿，上有萬仞之高，下有不測之深；上爲甘露所霑，下爲淵泉所潤；當斯之時，桂樹焉知泰山之高，淵泉之深，不知有功德與無也！」

此種傾向於道家風度及象徵比喻之人物鑒賞，實是轉型期中特殊而重要之例子，然而既然是特殊，必然是少數，就大體上而言，此時人物品鑒，是重在政治才具之鑒賞。蓋漢末亂世，有政治幹才者，特別爲當政者所需要，此時道家思想尚未全面風行，人物品鑒配合時代之需求，自然摒棄虛假無用之愿德，走上幹練實之才性品評，例《世說・賞譽篇》第一條：

> 陳仲舉嘗歎曰：「若周子居者，眞治國之器！譬諸寶劍，則世之干將。」

第三條：

> 謝子微見許子將兄弟，曰：「平輿之淵，有二龍焉。」見許子政弱冠之時，歎曰：「若許子政者，有幹國之器！正色忠謇，則陳仲舉之匹；

伐惡退不肖，范孟博之風。」

〈品藻〉第一條：

汝南陳仲舉，潁川李元禮二人，共論其功德，不能定先後。蔡伯喈評之曰：「陳仲舉彊於犯上，李元禮嚴於攝下；犯上難，攝下易。」仲舉遂在三君之下，元禮居八俊之上。

第二條：

龐士元至吳，吳人並友之；見陸績、顧劭、全琮而爲之目曰：「陸子所謂駑馬有逸足之用，顧子所謂駑牛可以負重致遠。」或問：「如所目，陸爲勝邪？」曰：「駑馬雖精速，能致一人耳！駑牛一日百里，所致豈一人哉？」吳人無以難。

第三條：

顧劭嘗與龐士元宿語，問曰：「聞子名知人，吾與足下孰愈？」曰：「陶冶世俗，與時浮沈，吾不如子；論王霸之餘策，覽倚伏之要害，吾似有一日之長。」劭亦安其言。

檢點數條即知此時品人多以才幹治識爲依據標準，所關心者乃其人能對國家社會付出之多少，面對者是現實之政治問題，品題範圍不外乎具體人事之實踐。是時知識份子對於國家社會尙有一份責任與熱愛，黨人清議不忘世事，士子多抱有「澄清天下之志」〔註4〕「欲以天下名教是非爲己任」〔註5〕之偉大襟懷，於品德修養亦能自我期許與鞭策〔註6〕，至曹操有稱霸雄心，以亂世奸雄自喜〔註7〕，皆於時人品評人物中，明顯透露出其心中之理想與期望也。

二、兩晉之際

兩晉爲政治紊亂時代，然此種紊亂卻與漢末三國之亂有明顯不同。三國群雄並峙，凡具才幹者皆可因獲賞識而出頭，又以天下未定於一，抱負之士

〔註 4〕《世說新語・德行篇》第一條：「陳仲舉言爲士則，行爲世範，登車攬轡，有澄清天下之志。」

〔註 5〕〈德行篇〉第四條：「李元禮風格秀整，高自標持，欲以天下名教是非爲己任。後進士，有升其堂者，皆以爲『登龍門』。」

〔註 6〕〈德行篇〉第二條：「周子居常云：『吾時月不見黃叔度，則鄙吝之心已復生矣。』」

〔註 7〕《世說・識鑒篇》第一條注引孫盛《異同雜語》曰：「太祖嘗問許子將：『我何如人？』子將不答。固問，然後子將答曰：『治世之能臣，亂世之姦雄！』太祖大笑。」

各投明主以實現其政治理想，如諸葛瑾及弟亮、從弟誕，並有盛名，各在一國，于時以爲「蜀得其龍，吳得其虎，魏得其狗。」(〈品藻〉第四條)。滔滔之士四處奔走，雖陰謀鬥智，殺戮不斷，然能者皆有機會施展抱負，爲其理想而奮鬥，是以政治上呈現一派生機蓬勃之氣象。

兩晉時代則非。西晉一開始即內部糜爛，公卿外戚，競爲豪奢，石崇與王愷鬥富，更爲名例。〈汰侈篇〉第八條：

> 石崇與王愷爭豪，並窮綺麗，以飾輿服。武帝，愷之甥也；每助愷，嘗以一珊瑚樹，高二尺許賜愷，枝柯扶疎，世罕其比。愷以示崇。崇視訖，以鐵如意擊之，應手而碎。愷既惋惜，又以爲疾己之寶，聲色方厲。崇曰：「不足恨，今還卿。」乃命左右悉取珊瑚樹有三尺四尺，條幹絕俗，光采溢目者六七枚；如愷許比者甚眾。愷惘然自失。

連皇帝亦參與其中。政治上賈氏擅權，惠帝癡愚〔註8〕，終造成八王之亂，引來五胡入侵，中國元氣大傷。東晉時代數經叛變，政治不穩定，名士人人自危，朝不保夕，政治鬥爭化明爲暗，故識志相合，爲時人品鑒之重要準則，〈識鑒篇〉第九條：

> 劉越石云：「華彥夏識能不足，彊梁有餘。」

第十二條：

> 王平子素不知眉子，曰：「志大其量，終當死塢壁間！」

第十四條：

> 周伯仁母，冬至舉酒賜三子曰：「吾本謂度江託足無所。爾家有相，爾等並羅列，吾復何憂？」周嵩起，長跪而泣曰：「不如阿母言。伯仁爲人，志大而才短，名重而識闇，好乘人之弊，此非自全之道。嵩性狼抗，亦不容於世。唯阿奴碌碌，當在阿母目下耳。」

惟碌碌平庸之輩可得全身，若志大識闇，終不免遭害，是以名士若非投身清談，祖尚玄虛，即藉酒自遠，明哲保身。政治上有主戰主和之分，清談上亦有名教、自然之別。〈品藻篇〉第十七條載：

> 明帝問謝鯤：「君自謂何如庾亮？」答曰：「端委廟堂，使百僚準則，臣不如亮；一丘一壑，自謂過之。」

〔註8〕《世說・規箴篇》第七條：「晉武帝既不悟太子之愚，必有傳後意，諸名臣亦多獻直言。帝嘗在陵雲臺上坐，衛瓘在側，欲微申其懷，因如醉跪帝前，以手撫牀曰：『此坐可惜！』帝雖悟，因笑曰：『公醉邪？』」

第二十二條云：

明帝問周伯仁：「卿自謂何如庾元規？」對曰：「蕭條方外，亮不如臣；從容廊廟，臣不如亮。」

正可證明廊廟、兵壑爲二種不同之態度。王謝兩家爲當時清談之代表，陶侃、庾亮、桓溫諸人則偏於事功，故其品人標準亦異。同評王眉子，庾子尉云：「庇其宇下，使人忘寒暑！」謝幼輿云：「友人王眉子，清通簡暢。」（〈賞譽〉第三十五、三十六條）；同評王羲之，庾公云：「逸少國舉。」殷中軍云：「逸少清貴人。」（同上篇第七十二、八十條），一者就其事功才識上言，一者品其風度氣質。據載，桓溫少與殷浩齊名，常有競心，桓溫以爲殷浩出於己下，蓋「少時與淵源共騎竹馬，我棄去，己輒取之，故當出我下。」（〈品藻〉第三十八條），以殷浩之識見氣度比之；至殷浩自詡觀點則異於此，《世說》云：

桓問殷：「卿何如我？」殷云：「我與我（君）周旋久，寧作我。」（〈品藻〉第三十五條）

桓溫高爽邁出，卻不精玄理，反對清談〔註9〕，殷浩思緯淹通，精論四本，屬玄談人物，二人自我標榜觀點自然有別。此二者雖自不同，然於清談洪流中，以具體人事作爲品鑒之標準者，漸爲玄風所掩，此後人倫識鑒更趨於風姿神采之品鑒，純以形象觸發之美感程度爲標準，又開啓另一番品人之風味。

三、東晉偏安之後期

東晉偏安之後，政權雖不甚穩定，然社會經濟總算安定下來，因中原人士之南遷，商業反而繁榮，當時士大夫生活之享受，固然由於利己縱慾主義所影響，以及世族握有把持政府之大權，然與商業之發達不能無關。石崇能百道營生，積財如山，而王戎之持籌握算，未嘗不是營殖貨財？加上士族門第皆擁有大片莊園，大批佃戶，生活所需不虞匱乏，在此種物質豐裕之環境下，文學、藝術自然走向精緻，人物品鑒亦以不與現實相關之風神氣度作爲品鑒之最高美學。

東晉大畫家顧愷之曾提出一有關美學之重要命題，《世說新語・巧藝篇》云：

〔註9〕例《世說・輕詆篇》第十一條載：「桓公入洛，過淮、泗，踐北境，與諸僚屬登平乘樓眺矚中原，概然曰：『遂使神州陸沈，百年丘墟，王夷甫諸人，不得不任其責！』」

顧長康畫人，或數年不點目精。人問其故？顧曰：「四體妍蚩，本無關於妙處；傳神寫照，正在阿堵中。」（第十三條）

顧氏提出「傳神寫照」，實際上即是本期品藻人物之重要基準。其所謂「神」，乃是指一個人之個性與生活情調之符合於玄學與否，湯錫予先生曾云：「形神分殊本玄學之立足點。」「按玄者玄遠。宅心玄遠，則重神理而遺形骸。」（《言意之辨》）當時人物品藻，藉形以求神，得神而忘形，要求超越外表形體，把握其內在之生命情調，求精神之外現，故「四體妍蚩，本無關於妙處」，妙處乃在於能傳神寫照之關鍵。是以

顧長康畫裴叔則，頰上益三毛。人問其故？顧曰：「裴楷雋朗有識具，正此是其識具。」看畫者尋之，定覺益三毛如有神明，殊勝未安時。（〈巧藝篇〉第九條）

又以飛白筆法畫殷荊州，使其有輕雲蔽日之姿〔註 10〕，畫謝幼輿於巖石中〔註 11〕，增其俊朗之氣，凡此皆爲求傳神而作，可捨形之眞而求神之明也。顧氏畫風自然受到當時玄風與人物品藻之影響。在魏晉玄學與魏晉風度之影響下，人物品藻已有略形而重神之傾向，《世說新語‧賢媛篇》云：

王尚書惠，嘗看王右軍夫人，問：「眼耳未覺惡不？」答曰：「髮白齒落，屬乎形骸；至於眼耳，關於神明，那可便與人隔？」（第三十一條）

〈排調篇〉第四十二條：

桓豹奴是王丹陽外生，形似其舅，桓甚諱之。宣武云：「不恒相似，時似耳！恒似是形，時似是神。」桓逾不說。

第四十三條：

王子猷詣謝萬，林公先在坐，瞻矚甚高。王曰：「若林公鬚髮並全，神情當復勝此不？」謝曰：「脣齒相須，不可以偏亡；鬚髮何關於神明？」

雖由色貌可以徵神，然而神之地位終高於形，是又歸於追求形而上之玄學風氣也。時人品評中，如「神姿」、「神雋」、「神懷」、「神情」、「神明」、「神氣」、

〔註 10〕〈巧藝篇〉第十一條：「顧長康好寫起人形，欲圖殷荊州；殷曰：『我形惡，卿不煩耳。』顧曰：『明府正爲眼爾。但明點童子，飛白拂其上，便如輕雲之蔽日。』」

〔註 11〕〈巧藝篇〉第十二條：「顧長康畫謝幼輿在巖石裏。人問其所以？顧曰：『謝云：「一丘一壑，自謂過之」，此子宜置丘壑中。』」

「神色」、「神采」、「神駿」、「神韻」、「神貌」、「風神」、「神味」等名詞大量出現，正可看出此種趨勢。

「神」姿之品味，著重在精神上之心靈交通，正當品人之時，其人形相必定在霎那間霸佔住品者意識之全部，使品者聚精會神觀賞、領味，以至忘卻外在事物，包括其人之道德、學問、才性、地位等等存在；品者所憑者乃直覺，即純粹之形相直覺作品鑒，不摻雜一些知覺或概念，此種品鑒態度純屬美學，而非道德，可以說美感鑒賞已自諸多道德、才性拘束中提煉而出，開展人物品鑒另一層更寬濶之視野。漢末魏初已有人傾向此種美學性之品鑒方式，例如《世說新語・容止篇》：

> 時人目「夏侯太初朗朗如日月之入懷，李安國頽唐如玉山之將崩。」（第四條）

第五條云：

> 嵇康身長七尺八寸，風姿特秀。見者嘆曰：「蕭蕭肅肅，爽朗清舉。」或云：「肅肅如松下風，高而徐引。」山公曰：「嵇叔夜之爲人也，巖巖若孤松之獨立；其醉也，傀俄若玉山之將崩。」

然而至東晉之後，此種品評卻成爲名士評鑒之重要風格，例如〈賞譽篇〉：

> 時人欲題目高坐而未能。桓廷尉以問周侯，周侯曰：「可謂卓朗。」桓公曰：「精神淵箸。」（第四十八條）
>
> 王大將軍稱其兒云：「其神候似欲可。」（第四十九條）
>
> 卞令目叔向：「朗朗如百間屋。」（第五十條）
>
> 劉萬安即道眞從子。庾公所謂「灼然玉舉。」（第六十四條）〔註12〕
>
> 王右軍道謝萬石「在林澤中，爲自遒上。」歎林公「器朗神儁」。道祖士少「風領毛骨，恐沒世不復見如此人。」道劉眞長「標雲柯而不扶踈。」（第八十八條）
>
> 王右軍目陳玄伯：「壘塊有正骨。」
>
> 司馬太傅爲二王目曰：「孝伯亭亭直上，阿大羅羅清疎。」（第一五四條）

〔註12〕「灼然」者，晉世選舉之名，於九品中正中爲第二品。然此二品卻非一般之二品，蓋爲二品之精也。詳見唐長孺《魏晉南北朝史論叢》中〈九品中正制度試釋〉一文。

又如〈容止篇〉：

祖士少見衛君長云：「此人有旄仗下形。」（第二十二條）

林公道王長史：「斂衿作一來，何其軒軒韶舉。」（第二十九條）

時人目王右軍：「飄如遊雲，矯若驚龍。」（第三十條）

有人歎王恭形茂者，云：「濯濯如春月柳。」（第三十九條）

不論「卓朗」、「精神淵箸」，或至以遊雲、矯龍、春月之柳形容被品之人，其觀點總在於品鑒之時所觸發之精神感應或聯想，不作才德之評斷，否則若祖約叛賊，爲人猥鄙，〈雅量篇〉載其好財，「人有詣祖，見料視財物。客至，屏當未盡，餘兩小簏箸背後，傾身障之，意未能平」（第十五條）又注引《祖約別傳》云其「占奪鄉里先人田地，地主多恨」，而右軍稱美至此，不亦惑哉！

以上分期無法作一定之界線，僅能以大概趨勢言之，蓋玄風流行，漢魏之際已尚玄虛，人物品鑒早見美學鑑賞之雛形，惟此形至東晉更見成熟，成爲中國美學史上重要之開展期。此時之美傾向於簡約玄澹，超然絕俗之哲學之美，受玄學影響固深矣。

至於人物品鑒方式，大抵不外兩種情形，一者爲評論式，一者爲比較式。評論式乃品者對受品者作實際之觀察，出以直斷語句點明特質而判其優劣，或藉人物景物以爲比喻，烘托其才性風采；比較式則數人並列，人我相比，評其長短高下，各顯特質。此二種方法不甚相似，以下分別舉例明辨之。

一、評論式

評論式中有一種乃類集數人才質情性相同者，彼此以稱號相褒重，久之成諺，而流傳於世人之口，此種以稱號相褒重之習，來自於漢末人物之共相標榜，士流相結，《後漢書》卷六十七〈黨錮列傳敘〉載：

……自是正直廢放，邪枉熾結，海內希風之流，遂共相標榜，指天下名士，爲之稱號。上曰「三君」，次曰「八俊」，次曰「八顧」，次曰「八及」，次曰「八廚」，猶古之「八元」、「八凱」也。

《世說新語．品藻篇》第一條注引《張璠漢紀》曰：「時人爲之語曰：『不畏強禦陳仲舉，天下楷模李元禮』。」以爲仲舉在三君之下，元禮居八俊之上〔註13〕，

〔註13〕《世說新語．品藻篇》第一條注引謝沈《漢書》云：「三君者，一時之所貴也；

君者，一世之所宗，俊者，言人之英也，皆一時之貴，故合以稱號而褒重之。《世說》中數人合評之例，記載甚多，例〈德行篇〉第六條云：

> 陳太丘詣荀朗陵，貧儉無僕役。乃使元方將車，季方持杖後從。長文尚小，載箸車中。既至，荀使叔慈應門，慈明行酒，餘六龍下食。文若亦小，坐箸厀前。于時太史奏：「眞人東行。」

《張璠漢記》載荀淑八子，時人號曰「八龍」〔註14〕；謝子微評許子將兄弟曰：「平輿之淵，有二龍焉。」（〈賞譽篇〉第三條），又如〈賞譽篇〉第二十二條：

> 洛中雅雅有三嘏；劉粹字純嘏，宏字終嘏，漢字沖嘏，是親兄弟。

第二十八條：

> 太傅有三才：劉慶孫長才，潘陽仲大才，裴景聲清才。

〈容止篇〉第九條：

> 潘安仁、夏侯湛竝有美容，喜同行，時人謂之「連璧」。

然而最有名且影響最鉅者，莫過於「竹林七賢」，〈任誕篇〉第一條載：

> 陳留阮籍，譙國嵇康，河內山濤，三人年皆相比，康年少亞之。預此契者：沛國劉伶，陳留阮咸，河內向秀，琅邪王戎。七人常集于竹林之下，肆意酣暢，故世謂「竹林七賢」。

或以才德相類而推崇，或以名字、美容、行逕相近而合稱，皆藉一共同適用之稱號以點明其特質。除數人合評以爲稱號外，其對各人識鑒，則以七言爲句推重之，此種七言口號多具韻律，既便於記誦，又容易宣傳，如前引「天下楷模李元禮」，「楷」、「禮」爲韻；「不畏強禦陳仲舉」，「禦」、「舉」爲韻；又如「天下俊秀王叔茂」，「秀」、「茂」爲韻；「後來領袖有裴秀」，「袖」、「秀」爲韻（〈賞譽篇〉第七條）；「洛中錚錚馮惠卿」，「錚」、「卿」同韻（第二十二條）；「揚州獨步王文度，後來出人郄（郗）嘉賓」，「步」、「度」同韻，「人」、「賓」同韻，此種七言韻語，以其押韻，能朗朗上口，久之成諺，遂流傳於世也。

除此之外，由品者評斷之語，可分爲兩種類型，一者爲直敘句，以斷句明言之，不作譬喻或比較，例〈賞譽篇〉第三十六條：

> 謝幼輿曰：「友人王眉子，清通簡暢；嵇延祖，弘雅劭長；董仲道，

竇武、劉淑、陳蕃，少有高操，海內尊而稱之，故得因以爲目。」引薛瑩《漢書》云：「李膺、王暢、荀昱、朱寓、魏朗、劉祐、杜密、趙典爲八俊。」

〔註14〕張璠《漢紀》云：「淑有八子：儉、緄、靖、燾、汪、爽、肅、旉。淑居西豪里，縣令苑康曰：『昔高陽氏有才子八人。』遂署其里爲高陽里，時人號曰『八龍』。」

卓犖有致度。」

第四十條：

丞相目子躬云：「入理泓然，我已上人。」

第四十二條：

庾公目中郎：「神氣融散，差如得上。」

第四十四條：

時人目庾中郎：「善於託大，長於自藏。」

〈品藻篇〉第三十六條：

撫軍問孫興公：「劉眞長何如？」曰：「清蔚簡令。」「王仲祖何如？」曰：「溫潤恬和。」「桓溫何如？」曰：「高爽邁出。」「謝仁祖何如？」曰：「清令易達。」「阮思曠何如？」曰：「弘潤通常。」「袁羊何如？」曰：「洮洮清便。」「殷洪遠何如？」曰：「遠有致思。」

或藉外物以作譬喻，從其體性神采各方面比擬，給予旁人更加鮮明之意象。若：

〈賞譽篇〉第四條：

公孫度目邴原：「所謂雲中白鶴，非燕雀之網所能羅也。」

第十條：

王戎目山巨源：「如璞玉渾金，人皆欽其寶，莫知名其器。」

第十五條：

庾子嵩目和嶠：「森森如千丈松，雖磊砢有節目，施之大廈，有棟梁之用。」

第二十條：

有問秀才，吳舊姓何如？答曰：「……嚴仲弼，九皐之鳴鶴，空谷之白駒；顧彥先，八音之琴瑟，五色之龍章；張威伯，歲寒之茂松，幽夜之逸光；陸士衡士龍，鴻鵠之裴回，懸鼓之待槌。」

第五十四條：

王丞相云：「刁玄亮之察察，戴若思之巖，卞望之之峯岠。」

〈容止篇〉第十一條：

有人語王戎曰：「嵇延祖卓卓如野鶴之在雞羣。」

第十七條：

王大將軍稱太尉：「處眾人之中，似珠玉在瓦石間。」

魏晉人作譬喻，特好藉自然景物以爲之，若山石之嶔崎，長松之孤高，珠玉之圓潤，雲鶴之清姿等等，皆時人常引爲用之對象。此種對山水景物之偏好，實則受道家崇尚自然思想之影響。再者，山水雖爲有限之「形」，然而有限之形中卻寓含生機蓬勃無限之「道」，藉美感經驗中移情作用而顯現，達到物我交融之境界，所謂「山水質而有趣靈」（宗炳《畫山水》序），即從自然山水之形象中，藉忘我之移情而融合，得到一種愉悅與享受。名士諸人由體味山水之玄趣轉移至人物品鑒上，自然揉合二者爲一，故山水是人，人亦可爲山水也。〈言語篇〉第七十七條：

> 謝中郎經曲阿後湖，問左右：「此是何水？」答曰：「曲阿湖。」謝曰：「故當淵注渟著，納而不流。」

是合山水爲玄理者，第八十一條：

> 王司州至吳興印渚中看，歎曰：「非唯使人情開滌，亦覺日月清朗！」

第八十三條：

> 袁彥伯爲謝安南司馬，都下諸人送至瀨鄉。將別，既自悽惘；歎曰：「江山遼落，居然有萬里之勢！」

是心情與山水相融相感也。若衛伯玉評樂廣：「此人人之水鏡也，見之若披雲霧覩青天！」（〈賞譽篇〉第二十三條），王公目太尉：「巖巖清峙，壁立千仞。」（第三十七條），世目周侯：「嶷如斷山」（第五十六條），周伯仁道桓茂倫：「嶔崎歷落可笑人。」是又藉山水景物以評人也。

二、比較式

比較式用於人物品評者甚多，或評他人之高下，或評人己之高下，或捨其所短，而從其所長以作鑒賞，不分優劣；凡此種種，俯拾皆是。

評他人之高下者，如〈品藻〉第五十條：

> 孫承公云：「謝公清於無奕，潤於林道。」

第六十八條：

> 庾道季云：「廉頗、藺相如雖千載上死人，懍懍恒有生氣；曹蜍、李志雖見在，厭厭如九泉下人。」

第七十六條：

> 王孝伯問謝太傅：「林公何如長史？」太傅曰：「長史韶興。」問：「何如劉尹？」謝曰：「噫！劉尹秀。」王曰：「若如公言，並不如此二

人邪？」謝云：「身意正爾也。」

第八十一條：

有人問袁侍中曰：「殷仲堪何如韓康伯？」答曰：「義理所得優劣，乃復未辨，然門庭蕭寂，居然有名士風流，殷不及韓。」

第八十二條：

王子敬問謝公：「嘉賓何如道季？」答曰：「道季誠復鈔撮清悟，嘉賓故自上。」

或與古人相比，或與時人相較，多以玄談風流較其上下也。其次亦有評自己高下，或請人評己高下者，例如〈品藻篇〉第三十四條：

撫軍問殷浩：「卿定何如裴逸民？」良久答曰：「故當勝耳。」

第五十三條：

王中郎嘗問劉長沙曰：「我何如苟子？」劉答曰：「卿才乃當不勝苟子；然會名處多。」

第五十五條：

王右軍問許玄度：「卿自言何如安、萬？」許未答。王因曰：「安石故相與雄，阿萬當裂眼爭邪？」

第六十三條：

庾道季云：「思理倫和，吾愧康伯；志力彊正，吾愧文度；自此以還，吾皆百之。」

第八十七條：

桓玄問劉太常曰：「我何如謝太傅？」劉答曰：「公高，太傅深。」又曰：「何如賢舅子敬？」答曰：「樝、梨、橘、柚，各有其美。」

「樝、梨、橘、柚，各有其美。」爲一種較客觀之態度，是又歸根於時人品人之重才性，能就各種才性之長而品鑒欣賞，不分優劣，例〈品藻篇〉第五條：

司馬文王問武陔：「陳玄伯何如其父司空？陔曰：通雅博暢，能以天下聲教爲己任者，不如也；明練簡至，立功立事，過之。」

第三十條：

時人道阮思曠：「骨氣不及右軍，簡秀不如眞長，韶潤不如仲祖，思致不如淵源；而兼有諸人之美。」

第四十條：

簡文云：「謝安南清令不如其弟，學義不如孔嚴，居然自勝。」

第五十四條：

支道林問孫興公：「君何如許掾？」孫曰：「高情遠致，弟子早已服膺；一吟一詠，許將北面。」

第八十六條：

桓玄……問王楨之曰：「我何如卿第七叔？」……王徐徐答曰：「亡叔是一時之標，公是千載之英。」

據顏師古注：「品藻者，定其差品及文質也。」定其差品自然重在比較彼此之高下；自九品中正制度建立以來，評定品級之標準遂爲門閥世族所把持，寒族士庶不得與於品評，然世族品評之際，雖漸流於浮虛，卻自有高下之分，此種品第非但影響名士之仕途，亦能左右其人於清談界之地位，尤以後者更爲名士所關心，是以品鑒之高下爲名士所必爭。若許掾詢年少時，人以比王苟子，意大不平，必敗之以爲快（〈文學篇〉第三十八條），又如：

世論溫太眞，是過江第二流之高者；時名輩共說人物，第一將盡之間，溫常失色。（〈品藻篇〉第二十五條）

桓大司馬下都，問眞長曰：「聞會稽王語奇進，爾邪？」劉曰：「極進，然故是第二流中人耳！」桓曰：「第一流復是誰？」劉曰：「正是我輩耳！」（第三十七條）

第一流、第二流之際，壁壘分明，正知時人評鑒人倫，標準極嚴，而受重視之程度甚高，則名士計較其與他人之優劣高下，自是意料中事矣。

第三節　對文學批評之影響

曹丕《典論論文》云：

蓋文章，經國之大業，不朽之盛事。年壽有時而盡，榮樂止乎其身。二者必至之常期，未若文章之無窮。是以古之作者，寄身於翰墨，見意於篇籍，不假良史之辭，不託飛馳之勢，而聲名自傳於後。故西伯幽而演《易》，周旦顯而制《禮》，不以隱約而忽務，不以康樂而加思。

曹氏對「文學」之概念，雖不如後世細分〔註 15〕，仍依儒學，包括《易》、《禮》

〔註 15〕文、筆之分，最早當始於晉時，然於其區分之點仍不曾明言。至宋時顏延之論其子之各得父風，謂『竣得臣筆，測得臣文』（《宋書・顏竣傳》），於文筆等經典，以爲文章爲「經國」之大業，有致用功能，非爲純粹之文學藝術，然而對於文學價值之重視，自已超越時人，肯定此「小道」之不朽。陸機於《文賦》之末，亦竭力誇張文學之重要性，云「濟文武於將墜，宣風聲於不泯」。曹、陸二人將詩賦及各體文章之地位與作用，與學術著作相提並論，實反映出時人對文學作品之重視。

曹氏父子以上位之尊，倡導文學，並實際對文壇才子作扼要之鼓勵與批評，造成上行下效，創作風氣日漸蓬勃，文學批評著作亦因而出現。據劉勰《文心雕龍・時序篇》云：

> 自獻帝播遷，文學蓬轉。建安之末，區宇方輯。魏武以相王之尊，雅愛詩章；文帝以副君之重，妙善辭賦；陳思以公子之豪，下筆琳琅；並體貌英逸。故俊才雲蒸。

鍾嶸《詩品》序云：

> 降及建安，曹公父子，篤好斯文；平原兄弟，鬱爲文棟；劉楨王粲，爲其羽翼，次有攀龍附鳳，自致於屬車者，蓋將百計；彬彬之盛，大備於時矣。

所謂「俊才雲蒸」、「彬彬之盛，大備於時矣。」正可說明當時文學興茂之盛況，是時文人名士莫不人人自著文集，流傳於世，著作之盛，嘆爲觀止，文學藝術由此進入一個自覺之時代。

文學既然自覺，對於文學本身所作之批評自然產生，正如余英時先生所言：

> 人物評論與個體自覺本是互爲因果之二事。蓋個體之發展必已臻相當成熟之境，人物評論始能愈析愈精而成爲專門之學，……但另一方面，「人倫鑒識」之發展亦極有助於個人意識之成長，……（詳見〈漢晉之際士之新自覺與新思潮〉一文）

同理可證，惟有文學自覺發展成熟，文學批評方能產生，而另一方面，文學批評卻更促使文學演變趨於謹密、精細，二者實互爲因果。魏晉時代文學批評能夠迅速成形，不能不與當時批評態度之建立有關。清議流風及於政治、

始分別言之。《文心雕龍・總術篇》云：『今之常言，有文有筆。以爲無韵者筆也；有韵者文也。』此就其形式體製言之，若梁元帝《金樓子・立言篇》云：「至如文者，維須綺穀紛披，宮徵靡曼，脣吻迴會，情靈搖蕩。」此乃就文之性質言之。

風俗、人物〔註 16〕，尤以人倫識鑒風氣對文學批評之影響最爲深刻。漢末魏晉之月旦人物盛行，曹丕《典論論文》、《與吳質書》、曹植《與楊德祖書》，都著重於評論具體作家，較之過去之文學批評顯示出不同特色，正是此種風氣之反映。曹植《與楊德祖書》云：

> 世人著述不能無病。僕常好人譏彈其文，有不善者應時改定。昔丁敬禮常作小文，使僕潤飾之。僕自以才不過若人，辭不爲也。敬禮謂僕：「卿何所疑難，文之佳惡，吾自得之，後世誰相知定吾文者耶？」吾常歎此達言，以爲美談。昔尼父之文辭，與人通流，至於制《春秋》，游夏之徒，乃不能措一辭。過此而言不病者，吾未之見也。

只不過將評論對象由人物轉移至文章上，然而此種樂於接受批評之雅量，使曹植歎爲美談，正知時人對於文學批評之態度，正趨於成熟。如是一來，文學日漸精緻，文體愈趨細密，而批評標準一旦建立，一套條理綿密之文學理論偉著因而誕生，《文心雕龍・序志篇》云：

> 若乃論文敍筆，則囿別區分；原始以表末，釋名以章義，選文以定篇，敷理以舉統。上篇以上，綱領明矣。至於割情析表，籠圈條貫，摛神性，圖風勢，苞會通，閱聲字，崇贊於《時序》，褒貶於《才略》，怊悵於《知音》，耿介於《程器》，長懷《序志》，以馭羣篇。下篇以下，毛目顯矣。

又云：

> 夫銓敘一文爲易，彌綸羣言爲難。雖復輕采毛髮，深極骨髓；或有曲意密源，似近而遠；辭所不載，亦不勝數矣。及其品評成文，有同乎舊談者，非雷同也，勢自不可異也；有異乎前論者，非苟異也，理自不可同也。同之與異，不屑古今；擘肌分理，唯務折衷。案轡文雅之場，環絡藻繪之府，亦幾乎備矣。（同上）

既要「彌綸羣言」，使局部而散漫者得有綱領；又要「擘肌分理」，使漫無標準者得以折衷，是爲魏晉南北朝時代，文學批評之集大成者也。

〔註 16〕許文玉《詩品釋》序云：「夫競爭正統，指斥僭號；矜尚門第，區別流品；既悉爲當時政治風俗習見之例，則其他之文化學術，有不蒙其影響者乎？歷覽藝林，前世文士，頗矜作品，鮮事論評；及曹丕褒貶當世文人，肆爲之辭，於是搦筦論文，多以甄別得失爲己任。」

魏晉人物品鑒中特重情性，劉卲《人物志》云：「人物之本，出乎情性」（〈九徵篇〉），所謂情性，實包含情、理、志、氣等意義在內，然又可概分爲二類：一者指精神上喜怒哀樂之情感，及隨情感所引發之思想等等，此一時代，重情思想盛行，以爲感情與生俱來，順之始爲自然；人物評鑒既重情性相合，文學批評遂受影響，以爲文學之產生，即情性之流露。二者則指生理上「稟陰陽以立性，體五行而著形」（《人物志．九徵篇》）之體性，以及與體性相配合而產生之文氣，此文氣或指先天之才氣，或指文章之氣勢聲調，然其成因皆與才性有關，二者一體兩面，本同而末異也。

魏晉時代，由於肯定情感之爲正，加以時代激盪，文人藉文學之作以抒洩抑鬱；於是文學開始正視情感之內涵，不再以爲文章之作乃爲載道紀實而已。建安時代多慷慨之音，此「慷慨」之中，寓含無限之情感，自非漢人眼中之文學——賦體所可比擬也。沈約《宋書．謝靈運傳論》云：

> 至於建安，曹氏基命，二祖陳王，咸畜盛藻，甫乃以情緯文，以文被質。

所謂「以情緯文」，正強調建安文人重情之特質。至陸機《文賦》中，言「詩緣情而綺靡」，顯示詩歌中傳達情感之訊息，而其談到文學之創作時，特重情感之興發，云：

> 遵四時以歎逝，瞻萬物而思紛；悲落葉於勁秋，喜柔條於芳春。心懍懍以懷霜，志眇眇而臨雲。……慨投篇而援筆，聊宣之乎斯文。(《文賦》)

以爲文學創作之動機，實是「慨投篇而援筆，聊宣之乎斯文」也。《世說新語》中載：

> 文帝嘗令東阿王七步作詩，不成者行大法。應聲便爲詩曰：「煮豆持作羹，漉菽以爲汁，萁在釜下燃，豆在釜中泣。本自同根生，相煎何太急。」帝深有慚色。(〈文學篇〉第六十六條)

充分流露出兄弟相殘之悲悽，又如〈文學篇〉第七十二條：

> 孫子荊除婦服，作詩以示王武子。王曰：「未知文生於情？情生於文？覽之悽然，增伉儷之重。」

更重文、情二者之關係。由於魏晉時代重情，緣情之文學觀因而產生，范曄《後漢書．文苑傳》贊云：

> 情志既動，篇辭爲貴；抽心呈貌，非雕非蔚；殊狀共體，同聲異氣；

言觀則麗，永監淫費。

蕭子顯《南齊書・文學傳》論云：

文章者，蓋性情之風標，神明之律呂也。蘊思含毫，遊心內運，放言若紙，氣韻天成，莫不禀以生靈，遷乎嗜愛，機見殊門，賞悟紛雜。

梁元帝《金樓子・立言篇》云：

吟詠風謠，流連哀思者，謂之文……

情以物遷，辭以情發，於是探討文學產生之根源，必推之於情也。故劉勰云：

夫綴文者情動而辭發，觀文者披文以入情，沿波討源，雖幽必顯。(《文心雕龍・知音篇》)

由品人之重情性，配以玄學風尚中縱情、重情之思想，反而滌清自古以來文學與學術混淆不清之現象，提煉出純粹文學之藝術風格，不能不爲人物品鑒之意外收穫也。

另一方面，人物評鑒對於才性之分析與探討，落實於文學批評上，亦產生特殊之觀點。即對作家及其作品風格特色作評論，爲此階段文學批評重要現象。曹丕《典論論文》中指出各個作家不同之氣質與才能，決定其擅長之文章體製，表現其不同之風格，云：

王粲長於辭賦；徐幹時有齊氣，然粲之匹也。如粲之〈出征〉、〈登樓〉、〈槐賦〉、〈征思〉，幹之〈玄猿〉、〈漏巵〉、〈圓扇〉、〈橘賦〉，雖張蔡不過也。然於他文，未能稱是。琳、瑀之章表書記，今之儁也。應瑒和而不壯，劉楨壯而不密。孔融體氣高妙，有過人者，然不能持論，理不勝辭，以至乎雜以嘲戲。及其所善，揚、班儔也。

《與吳質書》中云：

孔璋章表殊健，微爲繁富。公幹有逸氣，但未遒耳；其五言詩之善者，妙絕時人。元瑜書記翩翩，致足樂也。仲宣續自善於辭賦，惜其體弱，不足起其文；至於所善，古人無以遠過。

曹植《與楊德祖書》云：

以孔璋之才不閑於辭賦，而多自謂能與司馬長卿同風，譬畫虎不成反爲狗也。

點明作者之才性不同，所善者亦異，建安諸子既非通才，則於其所擅，自然獨步當時，超逾其才性範圍，卻不免貽笑大方。所謂：

此四科不同，故能之者偏也，唯通才能備其禮。(《典論論文》)

由於建安諸子並非通才，爲文體類便鮮能備善，此種對於作家才性風格之探究，實緣自於當時之月旦人物風氣。吾人已知《隋書‧經籍志‧子部‧名家類》於劉邵《人物志》之上，著有曹丕《士操》一卷，此書今雖已佚，然內容應與《人物志》相近；是吾人可據以推斷：曹丕《典論論文》中言作家與文體間之關係，必以人物才性之議論爲憑藉，而運用於文藝批評之領域也。《人物志》爲當時品類人物中保留較爲完整之書，文中將人物分爲偏材、兼材、兼德三類，云：

是故兼德而至，謂之中庸；中庸也者，聖人之目也。具體而微，謂之德行；德行也者，大雅之稱也。一至謂之偏材；偏材，小雅之質也。(〈九徵篇〉)

偏至之人，其才能必有所短，此觀點爲曹氏兄弟所一再闡述，其評論諸才子之優劣得失，即此類之批評也。

又由於個人天賦之稟性不同，偏材之輩才氣庸儁剛柔亦因而有異。曹丕特重文人天生之才，其《論文》中云：

文以氣爲主。氣之清濁有體，不可力強而致。譬諸音樂，曲度雖均，節奏同檢，至於引氣不齊，巧拙有素，雖在父兄，不能以移子弟。

文氣說始自於此〔註 17〕，其言「氣之清濁有體，不可力強而致」，又云：「雖在父兄，不能以移子弟」，知此氣實指天賦之體性才氣也，而才氣之凝聚，左右作家之作品風格，實際即是才性理論之發揮。此外，曹丕又云：

徐幹時有齊氣。(《典論論文》)

公幹有逸氣，但未遒耳。(《與吳質書》)

齊氣舒緩，逸氣飄忽，乃兼指爲文之語氣而言。據《世說新語》載：

孫興公作《天台山賦》成，以示范榮期云:「卿試擲地，要作金石聲！」范曰：「恐子之金石，非宮商中聲？」然每至佳句，輒云：「應是我輩語。」(〈文學篇〉第八十六條)

即在強調文學語氣之重要；才氣、語氣二者，本是一體之兩面，蓋蓄於內者爲才性，宣諸文者爲語勢，語勢之強弱剛柔，實與稟性之陰陽清濁相關也。對於才性與風格關係之研析，劉勰《文心雕龍‧體性篇》中，有進一步之肯

〔註 17〕文氣說之淵源，雖可上溯於孟子所謂之「我善養吾浩然之氣」，然孟子並未鮮明以之適用於文學。故以氣爲文學方法，仍推始於曹丕也。

定。

> 才有庸儁，氣有剛柔，學有淺深，習有雅鄭，並情性所鑠，陶染所凝，是以筆區雲譎，文苑波詭者矣。故辭理庸儁，莫能翻其才；風趣則柔，寧或改其氣……

以庸儁稱才，剛柔稱氣，研析愈精。其後又對才性之說有所深述，云：

> 若夫八體屢遷，功以學成，才力居中，肇自血氣；氣以實志，志以定言，吐納英華，莫非情性。是以賈生俊發，故文潔而體清；長卿傲誕，故理侈而辭溢；子雲沈寂，故志隱而味深；子政簡易，故趣昭而事博；孟堅雅懿，故裁密而思靡；平子淹通，故慮周而藻密；仲宣躁競，故穎出而才果；公幹氣褊，故言壯而情駭；嗣宗俶儻，故響逸而調遠；叔夜儁俠，故興高而采烈；安仁輕敏，故鋒發而韻流；士衡矜重，故情繁而辭隱；觸類以推，表裏必符。豈非自然之恒資，才氣之大略哉！

「觸類以推，表裏必符」，不同之才力血氣，相異之情性，其散發出來之氣質風格，必與之相符，此條原理，同是人物評鑒、文學批評所信奉之圭臬也。

其次，如同上節所言，人物品鑒於不同之時代，品評方式亦有不同，魏時重才性析辨，至東晉後則重品第優劣。文學批評亦產生此種現象。《人物志》中言才性相同之人，彼此易於認同共有之優點，進而排斥他人，以己之長，輕人之短，劉劭云：

> 故人無賢愚，皆欲使是得在己。能明己是，莫過同體。是以偏材之人，交游進趨之類，皆親愛同體而譽之，憎惡對反而毀之，序異雜而不尚也。(〈七繆篇〉)

如是一來，人物批評即無絕對之標準也，為取客觀，僅能就其長短分別判之，而不分高下，人物批評亦有此主張，曹丕云：

> 文人相輕自古而然。……夫人善於自見，而文非一體，鮮能備善。是以各以所長相輕所短。(《典論論文》)

曹植云：

> 人各有好尚，蘭茝蓀蕙之芳，眾人所好，而海畔有逐臭之夫；《咸池》《六莖》之發，眾人所共樂，而墨翟有非之之論；豈可同哉！(《與楊德祖書》)

二者思想實屬同一脈絡。由於批評無絕對標準，詆訶文章、掎摭利病之目的，不過是爲作文而批評，文人應自知其病而不應相輕所短，是乃曹氏兄弟批評之態度，故不作優劣品題。兩晉之世，仍沿此風，如《世說新語・文學篇》載：

> 孫興公云:「潘文爛若披錦,無處不善;陸文若排沙簡金,往往見寶。」（第八十四條）
>
> 簡文稱許掾云：「玄度五言詩，可謂妙絕時人。」（第八十五條）
>
> 桓公見謝安石作簡文謚議,看竟,擲與坐上諸客曰:「此是安石碎金。」（第八十七條）
>
> 孫興公云：「潘文淺而淨，陸文深而蕪。」（第八十九條）
>
> 孫興公道：「曹輔佐才，如白地明光錦；裁爲負版絝，非無文采，酷無裁製。」（第九十三條）

關於此點，鍾嶸頗有微詞，其《詩品》序中云：

> 陸機《文賦》，通而無貶；李充《翰林》，疎而不切；王微《鴻寶》，密而無裁；顏延《論文》，精而難曉；摯虞《文志》，詳而博贍，頗曰知言。觀斯數家，皆就談文體，而不顯優劣。至于謝客集詩，逢詩輒取；張騭《文士》，逢文即書。諸英志錄，並義在文，曾無品第。

知自丕、植之後，鍾嶸之前，文學批評風氣，大率如此。鍾嶸梁人，處東晉之後，自受東晉品第人物風氣之影響，《詩品》序云：

> 昔九品論人，《七略》裁士，校以賓實，誠多未值。至若詩之爲技，較爾可知，以類推之，殆均博弈。

雖批評九品論人，《七略》裁士有名實不符之譏，然而詩之爲技，卻有原則可循，可藉以品評優劣，是以鍾嶸指斥諸家之失，在於「不顯優劣」、「曾無品題」，自著《詩評》三卷，一稱《詩品》。謂之評者，所以顯優劣；謂之品者，所以定品第也。郭紹虞先生於此，有一精闢見解，云：

> 漢魏間的批評風氣重在論才性而不重在矜門第；東晉南朝間的批評風氣，重在嚴流品而不重在伸清議。這種批評風氣的影響到文學方面，在前者可以以曹丕《典論論文》爲代表；在後者可以鍾嶸《詩品》爲代表。(《中國文學批評史》上卷第四篇第二章）

正看透人物品鑒因時代之不同，其品評方式隨之而異，而文學批評之態度，亦深受影響，產生品鑒觀點上之差異也。

另外，才性分辨對於文學批評之另一面影響，乃文體論之建立。漢末蔡邕於《獨斷》中，將天子令羣臣之文分爲策書、制書、詔書、戒書四種；將羣臣上天子之文分爲章、奏、表、駁議四類，分別說明其體式，然與文學批評尚無大干係。至曹丕《典論論文》，則指出八體文章之四種特點，云：

> 夫文，本同而末異，蓋奏議宜雅，書論宜理，銘誄尚實，詩賦欲麗。

初步提出文章體裁與風格之關係問題，而桓範《世要論》中，亦有〈序作〉、〈讚象〉、〈銘誄〉諸篇說明各體之旨〔註18〕。曹丕始創四科之論，至陸機《文賦》遂爲十類，云：

> 詩緣情而綺靡，賦體物而瀏亮，碑披文以相質，誄纏綿而悽愴，銘博約而溫潤，箴頓挫而清壯，頌優游以彬蔚，論精微而朗暢，奏平徹而閑雅，說煒燁而譎誑。

益加說明體裁之性質，及其展現之風格；文體一分，後人便益爲繁複，摯虞《文章流別志論》佚，就其片斷而云，已有頌、賦、詩、七、箴、銘、誄、哀辭、哀策、對問、碑銘十一類，估計全書論述之文體當不止於此。可知西晉時，文體分類已甚繁密。至《文心雕龍》，其文中所提之文體，達三十三類，即：騷、詩、樂府、賦、頌、讚、祝、盟、銘、箴、誄、碑、哀、弔、雜文、諧、讔、史傳、諸子、論、說、詔、策、檄、移、封禪、章表、奏、啓、議、對、書、記。蕭統《文選》，分類更爲繁雜，竟高達三十八類。知文體分類之繁密，實是當時文壇之趨勢。而此種風氣之所以造成，恰是得自於人物評鑒中，才性析辨之啓示也。

又就魏晉時代人物品鑒重風姿神采而言，文學批評受到這方面之影響頗深。人物品鑒之重風姿神采本身，淵源於時下流行言不盡意之思想，是以棄形而取神，藉表相而取意境；至文學批評中，亦因而贊同言不足以盡意，文字無法傳達印象、情緒、想像、情調等屬於形象思維範疇之神味，是以陸機云：

> 恒患意不稱物，文不逮意，蓋非知之難，能之難也。(《文賦》)

已注意到文學創作中言不盡意之情形。劉勰於《文心雕龍・神思篇》中，亦曾深入闡述言意關係之問題，云：

> 方其搦翰，氣倍辭前，暨乎篇成，半折心始。何則？意翻空而易奇，言徵實而難巧也。

〔註18〕《世要論》十二卷，《隋志》著錄入法家，早佚。此據《羣書治要》輯錄。《羣書治要》作《政要論》。

「意翻空而易奇，言徵實而難巧」，正說明言意相符之難也，故「半折心始」。由是而來，劉勰亦主張言不盡意之論，〈神思篇〉又云：

> 至於思表纖旨，文外曲致，言所不追，筆固知止。至精而後闡其妙，至變而後通其數，伊摯不能言鼎，輪扁不能語斤，其微矣乎！

此是入於化境，非言語所得形容者。〈隱秀篇〉云：

> 隱也者，文外之重旨者也；秀也者，篇中之獨拔者也。……夫隱之為體，義主（生）文外，秘響傍通，伏采潛發，譬爻象之變互體，川瀆之韞珠玉也。

隱者指言辭之外之意味；鍾嶸《詩品》每以「滋味」論詩，於永嘉詩曰：「淡乎寡味」；於五言詩曰：「有滋味者」；皆欲讀者藉藝術之想像品味其深意，不欲藉言語傳達也。此種重神味品賞之態度，對後世之詩論影響甚巨。司空圖於《詩品》中云：「不著一字，盡得風流」，云：「超以象外，得其環中」，嚴羽《滄浪詩話》，更受到寄言出意思想之啓示，以禪喻詩，云：

> 夫詩有別材，非關書也。詩有別趣，非關理也。然非多讀書、多窮理則不能極其至，所謂不涉理路，不落言筌者上也。詩者，吟詠情性也。盛唐諸公惟在興趣，羚羊掛角，無迹可求，故其妙處透澈玲瓏，不可湊泊，如空中之音，相中之色，水中之月，鏡中之象，言有盡而意無窮。

清代王士禎便直接繼承嚴羽之詩論，提倡神韻說。然由言意關係之探討而走向神韻主張，人物品鑒實為過渡之橋梁。《世說新語》中載：

> 孫興公為庾公參軍，共遊白石山，衛君長在坐。孫曰：「此子神情都不關山水，而能作文？」庾公曰：「衛風韻雖不及卿諸人，傾倒處亦不近。」孫遂沐浴此言。（〈賞譽篇〉第一百零七條）

衛君長神情雖不關山水，然姿容奇拔清遠，不近于俗，是其為文，當亦有此風韻也。孫興公質之，實乃就人品文，意即人之神情關乎其文也。人物品鑒既重風神，批評時文亦依以闡揚作品意境之超遠，〈文學篇〉第七十六條云：

> 郭景純《詩》云：「林無靜樹，川無停流。」阮孚云：「泓崢蕭瑟，實不可言；每讀此文，輒覺神超形越。」

第一百條云：

> 作孚羊《雲讚》云：「資清以化，乘氣以霏，遇象能鮮，即潔成輝。」桓胤遂以書扇。

言意之辨對於文學理論之影響，可能有多方面不同之傾向，然而終於趨至神韻說者，人物品鑒重神之導引，不可謂爲不深矣！

綜合上述可知，文學批評之興起，緣自於漢末魏晉士人間品評人物之風氣，無論其批評態度之建立、或批評理論之根據、批評方式之走向、批評分類之影響，與人物品鑒，終有密不可分之關係，是則人物品鑒於吾國藝術思想上，又爲一大鉅獻也！

結　語

《世說新語》中記錄清談實況與人物品鑒者甚多，然載玄論者少矣，非其不言，乃寓時人思想於言行中也，故究其逕而知其意想，爲本文所欲探究者。

兩漢之世，儒道思想相爲淆雜，二者藉陰陽學說作爲溝通，儒學既以天人相應說解，道家又參以服食導引神仙內學，符籙讖緯、陰陽五行等觀念佔據時代學子心靈，先秦諸子精義遂泯滅不彰。漢代雖奉儒家以爲標的，經籍注疏，動輒數十萬言，然師法家學卻嚴而難遵，儒家思想因而衰微，由是引起學者反動，荊州新學應時而興。士人以懷疑批判精神，重新研討經義，抖落舊疏，直指本意，因此產生得意忘言之治學新觀點。

王弼爲魏晉玄學肇起之關鍵，重「無」思想雖爲當時流行學說，卻因王弼而得以建立系統，自此以後，清談論辯主題莫不環繞此點而作延伸或反省；漢代儒道雜而不融，至正始時，卻以形上之「無」統一二者，是爲儒道相合之第一期也。然魏末晉初之際，政治黑暗導致《莊》學盛行，儒家名教遭受鄙棄，達《莊》逍遙成爲名士企羡之理想，竹林七賢是爲代表人物，其追求養生成仙與狂放不羈之風，種下日後名士荒誕頹唐之人生態度，《莊》學眞諦終遭誤解，此時名士極端排斥名教，倡言自然，是爲自然名教之衝突期也。待向秀、郭象注解《莊子》，主張適性逍遙，調和儒道二家，裴頠著《崇有論》，王衍、樂廣諸人，以爲「名教中自有樂地」，作爲出仕之辯解，自然名教之衝突遂漸趨平靜，名士藉「朝隱」之名，既可高唱玄理自然，又可仕朝問政，不忘俗事，是自然名教二者再度融合矣。此時士人既無心於哲理之鑽研，惟就舊義加以演說，則玄學逐日沒落，直待佛學、僧伽之加入，始充實清談之內涵矣。

漢末清談評擊時政，品評人物，已具清談雛形，至於講經論難，更啓發談坐上論辯之精神。魏晉時代盛行清談，此種言語較技，俾令時人於語言之分析鑽研，有更深一層之認識。非但探討言、意二者之關係，其對語言之運用亦日趨熟練，談論技巧漸達上乘，幽默雋永之妙辭隨口而生，臻於文學化語言藝術之境界。其善用譬喻，巧取意象，非他代文人所能及，至於聲調鏗鏘，音韻溫潤，於語勢聲氣之講求，更造成永明聲律論之顚峯，在語言學之研究上，獨步千古。夫曹丕既倡文氣，重視文章語氣強弱對其氣勢之影響，陸機又云：「暨音聲之迭代，若五色之相宣」，注意韻和問題，已有文章語勢中體悟音律之重要。宋范曄於與〈甥姪書〉云：

> 性別宮商，識清濁，斯自然也。觀古今文人多不會了此處。從有會此者，不必從根本中來，言之皆有實證，非爲空談。

似有意制定人工音律。至永明時代，則聲韻學大盛，《南史・陸厥傳》：

> 永明時，盛爲文章，吳興沈約、陳郡謝朓、瑯琊王融以氣類相推轂。汝南周顒善識聲韵。約等文皆用宮商：將平上去入四聲，以此制韵，有平頭、上尾、蠭腰、鶴膝。五字之中，音韵悉異；兩句之內，角徵不同；不可增減，世呼爲「永明體」。

人工音律由此制定，聲音析辨已達純熟。歸究根底，清談論辯講求美音制，藉語言韻律中音高、強勢、音長、反復頻率之加力作用，達到論辯時音辭優美之效果，對人工音律之制定，實具推波助瀾之效。其次，魏晉僧伽走入談坐，名士佛徒往從密切，則沙門佛經之轉讀，爲名士所熟悉，於永明聲律更有決定性之影響。陳寅恪先生於考證曹植魚山製契故事後言：

> 此傳說實含有一善聲沙門與審音文士合作之暗示。而此二種人之合作即四聲之起原。然則「四聲說史」之「前編」謂在典午南遷之季世，縱或不中，亦不甚遠乎。(《四聲三問》)

又言：

> 南齊武帝永明七年二月二十日，竟陵王子良大集善聲沙門於京邸，造經唄新聲。實爲當時考文審音之一大事。在此略前之時，建康之審音文士及善聲沙門討論研求必已甚眾而且精。永明七年竟陵京邸之結集，不過此新學說研求成績之發表耳。(同上)

知聲律說之造成，以漸不以頓，而清談論辯對語言態度之認眞，及僧伽名士來往交遊之背景，實提供聲律論產生之最佳環境。

魏晉玄風瀰漫，自然影響詩歌文學之內容，因此除玄論之外，玄言詩亦大量興起，所謂「正始明道，詩雜仙心」(《文心雕龍．明詩》)，文人名士作品中，歌詠《老》《莊》哲理或遊仙思想之色彩濃厚；阮籍郭璞託體遊仙以寄懷抒情，為玄言詩之上乘，至若孫綽、許詢、桓溫、庾亮之徒，理過其辭，平淡寡味，既無情韻，又近乎偈語，其體更下。是以《詩品》云：

> 永嘉時，貴黃老，尚虛談，於是篇什，淡乎寡味。爰及江表，微波尚傳。孫綽、許詢、桓、庾諸公詩，皆平典似《道德論》。」

此種屬於玄學概念性之詩，僅有思辨而未能落實於人生之上，甚是抽象而拙劣，惟待淵明田園詩之出現，寓《老》《莊》於恬適平淡中，玄意落盡，珠玉畢出，始堪為佳篇。

玄學思想影響詩歌風格，亦影響時人對於「藝術」之認知。清談語言重在簡約雋永，簡約則內涵豐富而不繁雜，雋永則意味深遠而有神韻；王弼云「得意在忘象，得象在忘言」，忘言則能「無言而辟」，言語傾於至簡至寡而情得意得。意既不可言，則品人重神理而遺形骸，論文求神味而意超越，如此心領神會，造成審美意識與主體之發見，此說先秦漢世雖有觸及，然眞正產生大量理論作品，不得不歸於魏晉，如曹丕《典論論文》、嵇康《聲無哀樂論》、陸機《文賦》、顧愷之《論畫》、《魏晉勝流畫贊》，乃至宗炳《畫山水序》、王微《敘畫》、謝赫《古畫品錄》、劉勰《文心雕龍》、鍾嶸《詩品》等，皆含有豐富之美學意識。當時文人對於繪畫、品人，及以文學等品鑒標準，重在「傳神寫照」、「澄懷味象」、「氣韻生動」者，即要求藝術作品或審美觀照達到玄學思想之「道」、「氣」、「妙」，因而產生中國特有風格之意境論。所謂意境，強調「境生於象外」，是意象、有無、虛實之統一，突破有限物象之拘束，通向宇宙本體之「道」；此種理論與西方美學重再現、重模仿之觀照，實是二種不同之流別也。

玄學思想歸結於自然，自然又可落實於山水，時人非但以美感觀點照對山水加以品藻，亦依此將人「擬自然化」而作評鑒，形成兩晉時代品人重要特色。而專門描寫山水之文學，亦由此產生。劉勰云：

> 宋初文詠，體有因革，《莊》《老》告退，而山水方滋。儷采百字之偶，爭價一字之奇。情必極貌以寫物，辭必窮力而追新。(《文心雕龍．明詩》)

所謂「《莊》《老》告退，山水方滋」，即言山水文學代替玄言詩歌而起也；魏晉文人多寄情於山林，隱逸於巖穴，以爲其中義理深遠而意趣無窮，若謝靈運「尋山陟嶺，必造幽峻。巖障千重，莫不備盡登躡」（《宋書》本傳），便是此種心態之反應。如此表現於詩歌者，極貌寫物，窮力追新，只得形象刻劃之細微，而無自然生命之情趣，《文心雕龍・物色篇》云：

> 自近代以來，文貴形似。窺情風景之上，鑽貌草木之中。

文貴形似，窺情鑽貌，終傷於雕縟矣。然而此時描寫山水之小品文成就反高，若《世說新語・言語篇》中載：

> 王武子孫子荊各言其土地人物之美。王云：其地坦而平，其水淡而清，其人廉且貞。
>
> 孫云：其山嶵巍以嵯峨，其水泙渫而揚波，其人磊砢而英多。
>
> 王子敬云：從山陰道上行，山川自相映發，使人應接不暇。若秋冬之際，尤難爲懷。道壹道人好整飾音辭。從都下還東山，經吳中。已而會雪下未甚寒。諸道人問在道所經。壹公曰：「風霜固所不論，乃先集其慘澹。郊邑正自飄瞥，林岫便已皓然。」

文字清麗超絕，意境優美雋永，至於酈道元之《水經注》，更爲山水文學之佳作矣。

除文學外，山水畫及其畫論亦產生於此時。宗炳《畫山水序》中所呈現之思想，乃歸於《莊》說：

> 聖人含道應物，賢者澄懷味象。至於山川，質而有趣靈。是以軒轅、堯、孔、廣成、大隗（嵬）、許由、孤竹之流，必有崆峒、具茨、藐姑、箕首、大蒙之遊焉。夫聖人以神發道，而賢者通，山水以形媚道，而仁者樂，不亦幾乎？

如此則達到「以玄對山水」意境。山水之上，蘊含無限之生機，適可安放文人之想像，達到玄心與趣靈玄境兩相冥之境界，反映出中國文人與天地相融之人生觀，山水畫終於代替人物畫，成爲爾後中國繪畫之主流。

終篇而知影響此時代思想之成形者，因素雖多，卻總以現實政治爲最要。由於黨禍之無情，戰亂之殘酷，導致時人思想由實而虛，由面對而逃避，終藉玄談以消愁慮。是時玄談思想中，以言不盡意主張最爲關鍵。此說遠承《周易繫辭》，近起於漢魏名學；理論則以何王貴無思想爲基底，開闢治學之新眼光、新方法；論天道則不拘於構成質料，而進探本體存在；論人事則輕忽有形之粗迹，專期神理之妙用。有此本幹，向上則開展無數枝椏；用於經籍之解釋，則廢言落筌，盡掃象數，據寄言出意之精神，以無為同，融合儒道二家形上思想；又以此為橋梁，吸收佛理加入談坐。佛理言空，上達無義，二者格義以為比附，仍本寄言出意之旨，冥會本體於象外，佛教因而倡行。

言意問題提醒時人對於「意」之重視，求意則忽形骸，重神理，以達《莊》為佳，如是則名士立身行事亦深受此說影響，其上者隱逸，其下者放蕩，以求自得於意，郭象注《莊子》，以逍遙適意作旨，本源於此。於是人物品鑒便以其人之是否有「意」，為品評之方針，促使品鑒超脫形下現實質器之拘束，純粹以美感直覺中神采風姿之欣趣判斷為標準，開拓人性品鑒之一番新領域。審美意識、審美主體因而發見，突破有限物象上達無限，造成重視「意境」之中國古典美學體系，於畫論上，強調氣韻生動，神彩為上，文學理論則言神韻風骨，產生後世之神韻說。凡此，無非是在求「意」之得也。

另一方面，才性思想對本時代之清談，自有一定層面之影響，《四本論》至東晉，人多不談，卻不一定代表其泯滅；自劉卲《人物志》以來，才性主張即深刻影響當時取材用士之標準，左右當時品鑒人物之意念，以至於文學批評之理論、文學分類等。思想層面自有形之畫面、口談理論，滲透於無形之日常生活、人生態度中，故理論雖不談，影響依舊深遠。

言意之辨與才性主張，推其根源，可結集於正始名士之談辯。其玄學理論開啓魏晉時代無數談辯主題，無限契機由此展開，莫怪乎兩晉名士於此緬懷不已，「正始之音」遂成為魏晉清談之最高境界矣！

引用書目

1. 《周易王韓注》，魏王弼注、晉韓康伯注，民國樓宇烈校釋，華正書局。
2. 《論語注疏》，魏何晏注、宋邢昺疏，藝文印書館十三經注疏本。
3. 《孟子注疏》，漢趙岐注、宋孫奭疏，藝文印書館十三經注疏本。
4. 《禮記注疏》，漢鄭玄注、唐孔穎達疏，藝文印書館十三經注疏本。
5. 《史記》，漢司馬遷，鼎文書局新校標點本。
6. 《漢書》，漢班固，同前。
7. 《三國志》，晉陳壽，同前。
8. 《後漢書》，宋范曄，同前。
9. 《晉書》，唐房玄齡等，同前。
10. 《宋書》，梁沈約，同前。
11. 《南齊書》，梁蕭子顯，同前。
12. 《隋書》，唐魏徵等，同前。
13. 《南史》，唐李延壽，同前。
14. 《國史大綱》，錢穆，商務印書館。
15. 《兩漢思想史》，徐復觀，學生書局。
16. 《中國思想通史》，侯外盧等。
17. 《中國哲學史》，勞思光，友聯出版社。
18. 《中國哲學史》，馮友蘭。
19. 《漢魏兩晉南北朝佛教史》，湯錫予，鼎文書局。
20. 《中國學術思想史論叢》(三)，錢穆，東大圖書公司。
21. 《中國美學史大綱》，葉朗，滄浪出版社。
22. 《中古文學史》，劉師培，長安出版社。

23. 《中古文學史論》，王瑤，長安出版社。
24. 《中國文學批評史》，郭紹虞，明倫書局。
25. 《中國文學批評史》，羅根澤，學海出版社。
26. 《中國文學批評史》，劉大杰等，文滙堂。
27. 《魏晉南北朝史論叢》，唐長孺。
28. 《中國文化史》，柳詒徵，正中書局。
29. 《中國古代音樂史稿》，劉蔭麟，丹青出版社。
30. 《老子注》，魏王弼注，樓宇烈校釋，華正書局。
31. 《莊子集解》，清王先謙集解，三民書局。
32. 《莊子集釋》，清郭慶藩集釋，華正書局。
33. 《荀子集解》，清王先謙集解，藝文印書館。
34. 《呂氏春秋集釋》，許維遹等集釋，世界書局。
35. 《公孫龍子》，周公孫龍，宋謝希深注，中華書局。
36. 《韓非子集解》，清王先愼集解，世界書局。
37. 《春秋繁露》，漢董仲舒，商務印書館。
38. 《淮南子注》，漢高誘注，世界書局。
39. 《白虎通義》，漢班固，鼎文書局。
40. 《論衡》，漢王充，世界書局。
41. 《桓子新論》，漢桓譚，中華書局。
42. 《法言》，漢揚雄，商務印書館。
43. 《說苑》，漢劉向，同前。
44. 《鹽鐵論》，漢桓寬，同前。
45. 《潛夫論》，漢王符，同前。
46. 《申鑒》，漢荀悅，同前。
47. 《中論》，漢徐幹，同前。
48. 《人物志》，魏劉卲，中華書局。
49. 《阮嗣宗集》，魏阮籍，華正書局。
50. 《嵇中散集》，魏嵇康，商務印書館。
51. 《抱朴子》，晉葛洪，世界書局。
52. 《列子集釋》，晉張湛注，楊伯峻集釋，明倫出版社。
53. 《博物志》，晉張華，明文書局。
54. 《陶靖節集》，晉陶潛、清陶澍注，商務印書館。

55. 《世說新語箋疏》，劉宋劉義慶撰、梁劉孝標注、余嘉錫疏，仁愛書局。
56. 《世說新語校牋》，劉宋劉義慶撰、梁劉孝標注、楊勇校箋，正文書局。
57. 《大正新脩大藏經》，新文豐出版公司。
58. 《高僧傳》，梁釋慧皎，廣文書局。
59. 《弘明集》，梁釋僧佑，中華書局。
60. 《蓮社高賢傳》，不著撰人，漢魏叢書第九冊。
61. 《昭明文選》，梁蕭統，藝文印書館。
62. 《文心雕龍》，梁劉勰，世界書局。
63. 《金樓子》，梁蕭繹，世界書局。
64. 《詩品》，梁鍾嶸，清何文煥輯歷代詩話，漢京文化圖書公司。
65. 《廣弘明集》，唐釋道宣，中華書局。
66. 《藝文類聚》，唐歐陽詢等，藝文印書館。
67. 《羣書治要》，唐魏徵，商務印書館。
68. 《二十四詩品》，唐司空圖，清何文煥輯歷代詩話，漢京文化圖書公司。
69. 《滄浪詩話》，宋嚴羽，同前。
70. 《漢魏叢書》，明程榮校刻，新興書局。
71. 《玉函山房輯佚書》，清馬國翰輯，文海出版社。
72. 《兩晉清談》，清沈杲之輯，廣文書局。
73. 《日知錄》，清顧炎武，世界書局。
74. 《望溪全集》，清方苞，世界書局。
75. 《藝概》，清劉熙載，華正書局。
76. 《太炎文錄》，清章炳麟，世界書局。
77. 《全後漢文》，清嚴可均輯，世界書局。
78. 《全三國文》，清嚴可均輯，同前。
79. 《全晉文》，清嚴可均輯，同前。
80. 《四庫全書總目提要》，清紀昀，商務印書館。
81. 《魏晉玄學析評》，呂師凱，世紀書局。
82. 《國學發微》，劉師培，廣文書局。
83. 《文心雕龍札記》，黃季剛，文史哲出版社。
84. 《陳寅恪先生論文集》，陳寅恪，里仁書局。
85. 《莊老通辨》，錢穆，不詳。
86. 《才性與玄理》，牟宗三，學生書局。

87. 《中國哲學原論原道篇》，唐君毅，學生書局。
88. 《高明文輯》，高明，黎明文化事業公司。
89. 《魏晉玄學論稿》，湯錫予，里仁書局（魏晉思想甲編五種）。
90. 《魏晉思想論》，劉大杰，同前。
91. 《魏晉清談思想初論》，賀昌羣，同前。
92. 《魏晉的自然主義》，容肇祖，同前。
93. 《魏晉玄學中的言意之辨與中國古代文藝理論》，袁行霈，同前。
94. 《魏晉清談述論》，周紹賢，商務印書館。
95. 《中國佛學思想概論》，呂澂，天華出版社。
96. 《古小說鉤沈》，魯迅。
97. 《中國藝術精神》，徐復觀，學生書局。
98. 《中國知識階層史論》，余英時，聯經出版社。
99. 《魏晉思想與談風》，何啓民，學生書局。
100. 《郭象莊學平議》，蘇新鋈，學生書局。
101. 《文學概論》，王師夢鷗，藝文印書館。
102. 《聞一多全集》，聞一多，中國現代文學參考資料。
103. 《文藝心理學》，朱光潛，開明書局。
104. 《中國聲韻學通論》，林尹，黎明文化事業公司。
105. 《語言與人生》，早川原著，鄧海珠譯，遠流出版公司。
106. 《文學論》，韋勒克著，王師夢鷗譯，志文出版社。
107. 〈中國思想中對「言」「默」態度之變遷〉，唐君毅講，麥仲貴筆記，新亞研究所第 74 次學術演講討論會。
108. 〈魏晉清談名士之類型及談風之盛況〉，林麗眞，書目季刊，第十七卷第 3 期。